管理会计视角下的成本管理研究

杨 爽 著

北京工业大学出版社

图书在版编目（CIP）数据

管理会计视角下的成本管理研究 / 杨爽著. — 北京：北京工业大学出版社，2019.11（2021.5 重印）
ISBN 978-7-5639-7226-5

Ⅰ. 管… Ⅱ. ①杨… Ⅲ. ①成本管理－研究 Ⅳ. ① F275.3

中国版本图书馆 CIP 数据核字（2019）第 283391 号

管理会计视角下的成本管理研究

| 著　　者：杨　爽 |
| 责任编辑：刘连景 |
| 封面设计：点墨轩阁 |
| 出版发行：北京工业大学出版社 |
| 　　　　　（北京市朝阳区平乐园 100 号　邮编：100124） |
| 　　　　　010-67391722（传真）　　bgdcbs@sina.com |
| 经销单位：全国各地新华书店 |
| 承印单位：三河市明华印务有限公司 |
| 开　　本：787 毫米 ×1092 毫米　1/16 |
| 印　　张：9.25 |
| 字　　数：185 千字 |
| 版　　次：2019 年 11 月第 1 版 |
| 印　　次：2021 年 5 月第 2 次印刷 |
| 标准书号：ISBN 978-7-5639-7226-5 |
| 定　　价：54.00 元 |

版权所有　翻印必究
（如发现印装质量问题，请寄本社发行部调换 010-67391106）

前　言

财务管理在实现企业整体价值最优化的基础上，以财务资源的有效配置、财务融资的优化和利益分配的合理化为目标，它在企业管理中居于核心地位。面对日趋复杂的竞争环境和管理环境，企业财务管理具有战略意义已成为不可否认的事实。近年来，随着财政部全面推进管理会计体系建设，财务管理学科的地位得到了进一步巩固。

为了避免财务管理与其他学科的过度交叉，同时考虑到财务学科自身的体系结构建设，本书在章节安排上对相关重叠部分采取顾及而不展开的原则，即基于财务视角以基本概念等形式进行论述。财务管理侧重的是资金管理体制与投融资管理等现金流问题，有着自身发展的特征和客观规律；而管理会计侧重于企业的战略制定、成本与预算控制、经营决策与绩效管理等具体工作。可以采用以下两种方法解决财务管理与管理会计两学科之间在内容上有交叉的问题：一种是按照学科发展的基本要求进行取舍，如学科的前景与发展能力、学科的效率与交易成本，以及教材变革管理中的包含关系等；另一种是对两门学科都认为重要的内容，如预算管理，选择不同的侧重点加以阐述，这样既有利于各学科的发展，又有利于预算管理内容的丰富与完善。

财务管理一般分为两个层面，即宏观的财政层面和微观的企业层面。现行的财务管理教材主要立足于微观的企业层面，本书也是从微观企业视角展开论述的。从企业财务管理的应用对象分析，资本市场上除了有频繁运作的上市公司这一主体外，还有数量庞大的非上市公司企业群。如何提高企业财务管理学科的针对性、适用性与有效性，是财务教学工作者面临的重要课题。

作者在撰写本书时所采用的基本思路：以财务要素为主线，以资本优化配置为辅线。在章节的安排上，本书根据《企业财务通则》的基本要求，结合管理会计与内部控制学科的发展趋势，在学科边界与内容取舍上做了一定程度的考虑，同时采用嵌入式的组合形式对财务基本理论与方法体系进行配置，以增强学生学习时的连贯性及其融合应用的能力。本书一方面力求深入贯彻《企业财务通则》中的基本要素，另一方面通过增强财务知识的应用面，提升企业在资本市场上进行融资的能力。本书具有以下三个特点。

①传承性与时代性相结合。在提倡应用优先的前提下，传承以往教材的精华内容，并着重培养学生面对新情况、解决新问题的能力。同时，对财务管理理论与方法的前沿知识做出相应的安排，如采用嵌入式的结构安排将财务信息与财务分析结合在一起，这种设计是想突出"互联网+"环境下财务分析所具有的时代新特征。

②简便性与体系性相结合。在充分吸纳同类教材长处的基础上，强调理论与实践的结合，突出教材应用的简便性与有用性。在知识体系上，对财务理论或知识点采取由深入到

浅出，技术与方法上由简明到可操作等延伸路径，充分体现理论指导实践的有效性与可操作性。

③针对性与普及性相结合。结合《企业财务通则》修订的要求与发展的内在规则，联系财务管理教学改革的实践，以培养实用性人才为目标。即通过纵向的财务要素排列与横向的资源优化配置来提高本书的针对性。同时，加强对财务基本知识与技术方法的阐述，以此满足不同读者的共性需求，进一步推动财务管理知识与技术方法的普及与应用。

作者在撰写本书的过程中参阅了大量的文献资料，引用了业内一些优秀的文章，并且力尽所能地与作者取得联系，一些未能取得联系的作者，请见到书后速与本书作者联系，以便获得相应的报酬。对这些优秀的作者，本书作者再次表示诚挚的谢意。

目 录

第一章 管理会计的基本概述 ··· 1
 第一节 管理会计的形成与发展 ·· 1
 第二节 管理会计的基本理论 ··· 5
 第三节 管理会计、财务会计与财务管理的区别和联系 ············· 11

第二章 财务报表分析和财务预测 ··· 17
 第一节 财务报表概述 ·· 17
 第二节 财务报表的结构和主要内容 ···································· 23
 第三节 财务报表分析的程序和方法 ···································· 27
 第四节 财务报告数据资源与行业指标计算 ·························· 32
 第五节 财务报表编制和列报的基本要求 ····························· 34
 第六节 预测概述及原理 ··· 36
 第七节 财务预测的概念、特点及作用 ································ 45
 第八节 财务预测的原则及步骤 ·· 49
 第九节 财务预测的种类及内容 ·· 53

第三章 资本成本 ··· 57
 第一节 资本成本会计概念结构 ·· 57
 第二节 资本成本会计研究的基础 ······································· 70
 第三节 资本成本的计量 ··· 79

第四章 投资决策的基本指标和方法 ·· 87
 第一节 投资方案的选择和投资决策的方法概述 ··················· 87
 第二节 投资回收期法 ·· 89
 第三节 会计收益率法 ·· 91
 第四节 净现值法 ··· 92

第五节　内部收益率法 ································· 93
　　第六节　外部收益率法 ································· 96
　　第七节　获利能力指数法 ······························· 97
　　第八节　差额内部收益率法 ····························· 97
　　第九节　互斥投资决策的其他方法 ······················· 98

第五章　企业价值与期权价值评估 ·························· 101
　　第一节　企业价值分析概述 ···························· 101
　　第二节　企业价值财务指标分析 ························ 103

第六章　产品成本计算方法 ································ 111
　　第一节　产品成本计算的品种法 ························ 111
　　第二节　产品成本计算的分批法 ························ 113
　　第三节　产品成本计算的分步法 ························ 116

第七章　标准成本法与作业成本法 ·························· 123
　　第一节　标准成本法 ·································· 123
　　第二节　作业成本法基本知识 ·························· 132
　　第三节　作业成本法理论与实践的发展历程 ·············· 134
　　第四节　作业成本法理论研究与实践运用的突破方向 ······ 137

参考文献 ·· 139

第一章 管理会计的基本概述

第一节 管理会计的形成与发展

什么是管理会计？国内外会计学界众说纷纭，有人认为管理会计是预测决策会计，有人认为管理会计是为企业内部管理决策提供信息的内部会计，还有人认为管理会计是通过规划与控制为企业创造经济效益的会计。

一、管理会计的定义

（一）国外学者对管理会计的定义

美国会计学会于1958年和1966年先后两次为管理会计制定了如下定义："管理会计是指在处理企业历史和未来的经济资料时，运用恰当的技巧和概念来协助经营管理人员拟定能达到合理经营目的的计划，并做出能达到上述目的的明智的决策；管理会计是为信息使用者做出正确判断和决策而进行识别、计量和交换经济信息的过程。"

1982年，美国会计学者罗伯特在《现代管理会计》一书中将管理会计定义为："管理会计是一种收集、分类、总结、分析和报告信息的系统，有助于管理者进行决策和控制。"

1982年，英国成本和管理会计师协会将管理会计的范围扩大到审计以外的会计的各个组成部分："管理会计是为管理当局提供所需信息的那一部分会计工作，使管理当局得以确定方针政策，对企业各项活动进行计划和控制，保护财产安全，向企业外部人员（股东等）和职工反映财务状况，对各个行动备选方案做出决策。"

1988年，国际会计师联合会所属的常设分会财务和管理会计委员会对管理会计所下的定义为："管理会计是在一个组织内部，对管理当局用于规划、评价与控制的信息（财务的和经营的）进行确认、计量、积累、分析、处理、解释和传输的过程，以确保其资源的利用并对它们承担经营责任。"

1996年，英国会计学者德卢里在其所著的在英国最为畅销的管理会计教材中给出了管理会计的简明定义："管理会计在企业内部提供有助于人们做出更有效决策的信息。"

1999年，亨克瑞在其所著的在世界范围内最畅销的管理会计教材中指出："管理会计计量并报告财务和其他类型的信息,这些信息的主要目的是帮助管理者实现企业的目标。"

(二)国内学者对管理会计的定义

20世纪70年代末80年代初,西方管理会计的理论被介绍到中国,我国会计学者结合中国特点,从微观角度对管理会计做出了不同的解释。

汪家佑教授认为:"管理会计是西方企业为了加强内部经营管理,实现最大利润的目的,灵活运用多种多样的方式方法,收集、加工和阐明管理当局合理地计划和有效地控制经济过程所需要的信息,围绕成本、利润、资本三个中心,分析过去、控制现在、规划未来的一个会计分支。"

李天民教授认为:"管理会计主要是通过一系列专门方法,利用财务会计提供的资料及其他有关资料,进行整理、计算、对比和分析,使企业各级管理人员能据以对日常发生的一切经济活动进行规划与控制,并帮助企业领导做出各种决策的一整套信息处理系统。"

温坤教授认为:"管理会计是企业会计的一个分支。它运用一系列专门的方式方法,收集、分类、汇总、分析和报告各种经济信息,借以进行预测和决策,制订计划,对经营业务进行控制,并对业绩进行评价,以保证企业改善经营管理,提高经济效益。"

余绪缨教授认为:"管理会计是为企业内部使用者提供管理信息的会计,它为企业内部使用者提供有助于正确进行经营决策和改善经营管理的有关资料,发挥会计信息的内部管理职能。"

2014年10月27日,财政部印发的《关于全面推进管理会计体系建设的指导意见》指出:管理会计是会计的重要分支,主要服务于单位(包括企业和行政事业单位,下同)内部管理需要,是通过利用相关信息,有机融合财务与业务活动,在单位规划、决策、控制和评价等方面发挥重要作用的管理活动。

综上所述,管理会计有着比传统会计更为广泛和深刻的内容。虽然它是从传统会计体系中分离出来的,但在职能作用和方式方法等方面突破了传统会计的框架,是以现代管理科学为基础、以提高企业经济效益为目的的会计信息处理系统,在帮助企业管理者科学制定经营决策、强化企业内部经营管理和提高经济效益等方面有着重要作用,是现代管理的重要工具。

国内外学者、组织对管理会计的研究从狭义到广义,对于我们理解管理会计十分重要。作者认为,管理会计是以提高企业经济效益为最终目的的会计信息处理系统。它运用一系列专门的方式方法,通过确认、计量、归集、分析、编制与解释、传递等一系列工作,为企业管理和决策提供信息,并参与企业经营管理。

二、管理会计的发展

(一)以成本控制为基本特征的执行性管理会计阶段

所谓执行性管理会计阶段,是以泰罗的科学管理学说为基础形成的会计信息系统占主导地位的时期,从 20 世纪初至 20 世纪 50 年代。19 世纪的工业革命促使企业生产规模迅速扩大,合伙经营、股份公司等组织形式相继出现,企业的所有者逐渐将企业经营权委托给专门的管理阶层。为适应所有权与经营权相分离的情况,满足各有关方面(如股东、债权人、经营者等)对公司财务状况和经营成果的关心,企业需要编制并对外报送财务报表,于是从填制和审核凭证、登记账簿到编制财务报表的近代会计形成了。

20 世纪初,随着社会化生产程度的提高、生产规模的日益扩大,竞争开始变得激烈起来,所有者和经营者都意识到,企业的生存和发展并不仅仅取决于产量的增长,更重要的是成本的高低。也就是说,利润的多少在收入已定的情况下,取决于成本的高低。因此,为在激烈的市场竞争中战胜对手,企业要加强内部管理,提高生产效率,以降低成本、费用,最大限度地获取利润。

为了满足该阶段社会经济发展的要求,经济与管理理论有了很大发展,其中古典组织理论对管理会计形成的影响最大。在以美国的泰罗和法国的法约尔为代表人物的"古典管理理论"的指导下,企业管理实践中先后应用了以确定定额为目的的时间与动作研究、差别工资制和以计划职能与执行职能相分离为主要特征的预算管理和差异分析,以及日常成本控制等一系列标准化、制度化的新技术、新方法。这一切对片面强调事后反映职能的传统会计造成了巨大冲击。在这种情况下,企业会计必须突破单一的事后核算的格局,采取对经济过程实施事前规划和事中控制的技术方法,更好地促进经营目标的实现。伴随着企业管理方式的变革,会计开始了由近代会计向现代会计转变的进程,原始的管理会计也初见端倪。20 世纪初,在美国企业会计实务中出现了以差异分析为主要内容的"标准成本制度"和"预算控制"。会计把严密的事先计算引入会计体系,将事前计算、事中控制和事后分析相结合,这可以看作是会计发展史上的里程碑,为会计服务于企业管理提供了新思路。泰罗的科学管理学说着眼于对生产过程进行科学管理,重点是通过对生产过程的个别环节、个别方面的高度标准化,尽可能为提高生产和工作效率创造条件,但对企业管理全局、企业外部环境则很少考虑,不把工人当作具有主动性、创造性的人,而是当作机器的附属品,强调管得严才能提高效率,使工人处于消极被动和极度紧张的状态,这样势必会引起广大工人群众的强烈不满,因而不可能取得理想的效果。

(二)以预测决策为基本特征的管理会计阶段

到了 20 世纪 50 年代,世界经济进入战后发展期。该时期具有以下新特点:一方面,现代科学技术革命的浪潮日益高涨,并大规模应用于生产中,迅速推动了社会生产力的进步,具体表现为新技术、新工艺和新装备的广泛使用,产品更新换代的周期越来越短。另一方面,资本主义企业进一步集中,跨国公司大量涌现,新兴行业层出不穷,企业的资本越来越集中、规模越来越大,生产经营日趋复杂,企业外部的市场环境瞬息万变,竞争越来越激烈,迫使企业管理者转变观念,将过去的以生产为中心的管理模式转变为以市场开发、调动各方面积极性、能取得最大经济效益为中心的经营决策型管理模式,企业须具有灵活的反应能力和高度的适应能力,以应对市场的变化,而这些变化是泰罗的科学管理学说难以适应的。

随着生产力的进一步发展，企业规模日趋扩大，市场竞争不断加剧，一些企业在竞争中不断发展，迅速崛起；相反，另一些企业在竞争中失去优势，以致破产倒闭。每一个竞争者都在设法提高内部工作效率，广泛推行职能管理、行为科学管理，以增强自身的竞争实力。残酷的竞争法则告诉人们，会计不仅是事后反映，更重要的是实现有效的事前预测，提供准确的预测信息，在此基础上帮助管理人员进行正确的决策。方案一旦确定、实施，就要加强对过程的控制，保证规划目标的顺利实现，以实现企业降低成本、提高经济效益的目标。

在1952年伦敦举行的世界会计学会年会上，"管理会计"一词被正式确认。此时一些国家的财务会计准则制度化被普遍接受，财务会计主要服务于外部相关利益者的目标得到进一步的肯定和强调，会计准则对于财务会计的约束性进一步增强，管理会计和财务会计终于从单一的会计系统中分离开来，成为现代会计的两大分支。

社会经济的发展和经济理论的丰富，使得管理会计的理论体系逐渐完善，内容更加丰富，逐步形成了以预测、决策、预算、控制、考核、评价为核心的管理会计体系。管理会计在强化控制职能的同时，开始行使预测、决策职能。管理的关键在于决策，决策的关键在于预测。随着各种预测、决策理论和方法广泛引入会计工作，逐步形成了以预测、决策为主要特征并与管理现代化要求相适应的行之有效的会计信息管理系统，该会计信息管理系统的主要内容包括预测、决策、预算、控制、考核和评价。

现代管理科学有两个重要支柱——运筹学和组织行为学，在很大程度上克服了泰罗科学管理学说的缺陷，较好地适应了经济发展新形势。运筹学主要应用现代数学和数理统计的原理和方法，通过许多数量化的管理方法和技术，帮助管理人员按照最优化的要求，对企业的生产经营进行科学的预测、决策、计划、组织和控制，促使企业实现最优运转；财务人员运用运筹学的原理和方法，对企业财务信息进行加工，编制预算，对未来进行预测并参与经营决策。运筹学与会计相结合，形成了预测决策会计，并为管理会计奠定了基础。组织行为学主要是应用心理学、社会学等方面的研究成果来研究人的各种行为的规律性，旨在调整和改善人与人之间的关系，引导、刺激人们在生产经营中发挥主动性、积极性和创造性。按照组织行为学的原理和方法来管理大规模的现代化企业，可以有效地消除管理工作中的主观随意性，使企业各责任中心的经济活动按照确定的总体目标进行，并按照各责任中心完成目标的情况进行业绩考核与评价。责任考评与会计相结合，形成了责任会计。

（三）战略管理会计阶段

20世纪80年代以来，由于科技快速发展，信息技术已被广泛应用，企业面临的制造环境发生了重大变化，同时管理理念和管理技术也发生了巨大变革。计算机集成制造系统、适时制造系统以及零库存、全面质量管理、以顾客为导向、作业管理等崭新的管理理念和技术应运而生，这为节约材料、能源和人工成本、提高劳动生产率创造了条件，也为管理会计的不断更新和发展提供了良好的环境。

20世纪80年代，著名管理学家西蒙首次提出了"战略管理会计"一词，之后西方理论界对此进行了深入研究，指出不同企业战略所要求的管理会计侧重点应有所区别。迈尔斯和斯诺依据企业根据外部环境变化所持有的不同战略，将企业分为防卫型、开拓型、分析型和被动型四类。之后，波特在1980—1990十年间，先后出版了《竞争战略》《竞争优势》《国家竞争优势》等著作。

战略与管理会计结合的速度加快，促进了战略管理会计的进一步发展。卡普兰教授对作业成本法进行了完善与拓展，将决策型战略管理会计研究推向了更高的阶段。

1992年，卡普兰和诺顿提出了平衡计分卡，首次将非财务指标引入企业业绩计量体系，从财务、顾客、内部业务流程和学习与成长四个方面综合计量企业经营业绩。之后几年，卡普兰和诺顿对平衡计分卡的理论和应用不断探索，形成了比较完整的理论与方法体系，使用战略地图将企业目标与日常经营过程联系起来，进一步丰富了平衡计分卡理论。2001年，卡普兰将平衡计分卡的应用由商业企业拓展到非营利组织，使其应用领域更加宽阔。

第二节　管理会计的基本理论

一、管理会计的基本假设

所谓管理会计的基本假设，是指为了实现管理会计提高企业经济效益的目标，合理界定管理会计工作的时间、空间范围，统一管理会计操作方法和程序，满足信息搜集、整理、计算的要求，从纷繁复杂的现代企业环境中抽象概括出来的、组织管理会计工作的一系列前提条件的统称。具体包括多重会计主体假设、合理预期假设、理性行为假设、充分占有信息假设等。

（一）多重会计主体假设

该假设规定了管理会计工作对象的基本活动空间，又称为多层会计主体假设，是指管理会计假定其会计主体不仅包括企业整体，还包括企业内部各个层次的责任单位、管理层次。财政部印发的《管理会计基本指引》中指出，管理会计应用主体视管理决策主体确定，可以是单位整体，也可以是单位内部的责任中心。由于管理会计面向企业内部经营管理，解决预测、决策、规划控制和业绩评价问题，因而企业内部各层次，如企业整体、分公司、分厂、车间、班组等都可作为管理会计的主体。

（二）合理预期假设

该假设也称灵活分期假设，是指为了满足管理会计面向未来决策的要求，企业可以根据需要和可能，灵活地确定管理会计工作的时间范围，不必严格地受财务会计上的会计年度、季度或月份的约束，即管理会计的时态可跨越过去和现在，并延伸到未来。

(三)理性行为假设

该假设包含两层含义：第一，由于管理会计在履行其职能时，往往需要在不同程序或方法中进行选择，就会使其工作结果在一定程度上受到人的主观意志的影响，因此，管理会计假定管理会计师总是出于设法实现管理会计工作总体目标的动机，能够采取理性行为，自觉按照科学程序与方法办事；第二，假定每一项管理会计具体目标的提出，均出于理性及可操作性的考虑，从客观实际出发。

(四)充分占有信息假设

该假设是从管理会计信息搜集及整理的角度提出的，假设管理会计采用多种计量单位，不仅充分占有和处理相关企业内部、外部的价值量信息，还占有和处理非价值量信息，并且信息的数量能够充分满足现代信息处理技术的要求。

二、管理会计的对象

我国理论界关于管理会计的研究对象主要有以下三种观点。

(一)资金总运动论

管理会计和财务会计是并列的分支，两者同属于会计这一范畴，两者的研究对象都是资金运动。管理会计研究的资金运动在时态上包括过去、现在和未来，而财务会计仅以过去的资金运动为对象。

(二)现金流动论

该观点认为管理会计的对象是企业的现金流动，其主要理由是：其一，现金流动贯穿管理会计的各个环节，是其有关内容的集中和概括；其二，通过现金可以把企业生产经营中的资金、成本、利润等各个方面联系起来，进行统一评价，为改善经营管理、提高经济效益提供重要的、综合性的信息；其三，现金流动具有最大的综合性和敏感性，可以在预测、决策、预算、控制、责任考核与评价等环节发挥积极的能动作用。

(三)价值差量论

价值差量作为管理会计研究对象的原因在于：其一，现代管理会计的内容包括成本性态分析、变动成本计算、本量利分析、短期经营决策、长期投资决策、标准成本法、责任会计等，而价值差量是对每一项内容进行研究的基本方法，并能贯彻始终；其二，价值差量具有很强的综合性，管理会计研究的"差量"问题，既有价值差量，又包括实物差量和劳动差量，后者是前者的基础，前者是后者的综合表现；其三，现金流动不能作为管理会计的对象，因为现金流动仅在经营决策和资本支出决策的分析和评价中涉及，其他决策中均不涉及，因此并不能在现代管理会计中贯穿始终。现金流动应该是财务管理研究的对象。

上述观点从不同角度对管理会计的对象进行了论证，各有道理，但都不能将管理会计的对象始终贯彻在管理会计的活动之中。作者认为，管理会计的对象是以使用价值为基础的价值管理。从实质上讲，管理会计的对象是企业的生产经营管理活动；从管理体现经济效益的角度上看，管理会计的对象是企业生产经营活动中的价值运动；从实践角度看，管理会计的对象具有复合性的特点，管理会计一方面致力于提高生产和工作效率，另一方面强调价值管理，目的是提高经济效益，实现价值增值。因此，管理会计可渗透到企业的各个方面，既为企业总体管理服务，本身又属于管理系统的有机组成部分，并处于企业价值管理的核心。

三、管理会计的职能

传统财务会计的职能是核算和监督，而管理会计的职能随着社会经济的发展日益扩大，由于现代管理有预测、决策、规划、控制和绩效评价五项职能，与此对应的管理会计的职能包括以下五个方面。通过应用环境、管理会计活动、工具方法、信息与报告四要素发挥管理会计的职能，才能实现管理会计的目标。

（一）预测经济前景

预测是指采用科学的方法推断客观事物未来发展必然性和可能性的行为，管理会计的预测职能是在经济业务发生之前预先进行的测算。管理会计依据过去和现在的会计资料，采用定量计算或定性分析的方法，推测未来经济业务（包括销售、利润、资金、成本等）的发展趋势以及企业的财务状况、经营成果、现金流量等，为企业内部经营管理决策提供可靠的信息。

（二）参与经济决策

管理会计的决策职能是指在充分考虑各种可能的前提下，遵循客观规律，遵循"成本—效益"原则，选择一定的程序和方法对管理问题做出科学的决策。决策作为企业经营管理的核心，贯穿于企业管理的各个方面和整个过程，包括收集和整理相关的信息资料，提出各种可行的备选方案，选择科学的决策方法，做出正确的财务评价，筛选出最优的行动方案等。

（三）规划经济目标

规划是指事先规定目标和拟定方法以确保实际进程按照预定目标完成的过程。规划经济目标要求管理会计提供的数据信息有助于企业制订长短期计划，如通过全面预算将有关经济目标分解落实到各有关预算中去，通过编制责任预算，合理、有效地组织和协调企业经营链条上的各个环节，处理好供、产、销及人、财、物之间的关系，为过程控制和责任考评奠定基础。

（四）控制经济过程

控制的目的是使实际经营活动能按预期计划或预算进行，最终实现经营目标。控制经济过程是指控制企业经济活动，使之按决策预定的轨道运行。例如，企业目前广泛采用的全面预算系统，集中反映企业在一定时期要完成的总目标和总任务。为保障总目标和总任务的实现，必须将总预算指标层层分解，落实到各个责任中心，并将其作为日常经营活动的准绳，加强记录和计算，通过实际指标与预算指标的对比分析，评价考核各个责任中心的业绩，保证日常控制发挥制约和促进作用。将事前控制和事中控制有机结合起来，对执行过程中脱离事先确定的标准而发生的差异进行分析，查明原因并及时采取措施进行调整，以确保经济目标的顺利实现。

（五）绩效考核与评价

管理会计发挥责任考评职能，评价经营业绩，是通过建立绩效管理制度来实现的。各部门和人员在明确各自职责的基础上，通过实际业绩与预算标准的对比分析，逐级考核责任指标的完成情况，为奖优罚劣激励制度的执行提供依据。在绩效管理中，绩效评价包括：以责任中心为主体的绩效评价、基于EVA（经济附加值）的绩效评价、基于企业战略的绩效评价。

根据计划的执行情况定期实施绩效评价与激励，按照绩效计划与激励计划的约定，对被评价对象的绩效表现进行系统、全面、公正、客观的评价，并根据评价结果实施相应的激励。

四、管理会计的目标

管理会计的目标是指在一定的经营环境下，管理会计活动要达到的目的和预期效果。1966年，美国会计学会在《基本会计理论》中指出，管理会计的目标是为管理者服务，帮助管理者制定合理的经济目标，并为实现该目标进行合理决策。

1986年，美国会计师协会下设的管理会计实务委员会在《管理会计公告：管理会计的目标》中明确规定，管理会计应实现两个具体目标。

①为管理和决策提供信息。管理会计应向各级管理人员提供以下经选择和加工的信息：与计划、评价和控制企业经营活动有关的各类信息，包括历史信息和未来信息；与维护企业资产安全、完整及资源有效利用有关的各类信息；与股东、债权人及其他企业外部利益相关者的决策有关的信息。

②参与企业经营管理。在现代管理理论的指导下，管理会计以各种方式参与企业经营管理，每一个管理环节都有与之对应的管理会计步骤。

财政部印发的《管理会计基本指引》中指出，管理会计的目标是通过运用管理会计工具方法，参与单位规划、决策、控制、评价活动，并为之提供有用信息，推动单位实现战略规划。具体包括：管理会计参与制定企业战略与战术目标，进行经营决策，编制预算，建立责任会计制度，进行内部控制，协调组织企业管理工作等。为了发挥管理会计的作用，企业、单位应准确分析和把握价值创造模式，推动财务与业务等的有机融合。根据组织架构特点，建立健全能够满足管理会计活动所需的由财务、业务等相关人员组成的管理会计组织体系。有条件的单位可以设置管理会计机构，组织开展管理会计工作。

五、管理会计的原则

财政部印发的《管理会计基本指引》中指出，企业、单位应用管理会计，应遵循下列原则。

①战略导向原则。管理会计的应用应以战略规划为导向、以持续创造价值为核心，促进单位可持续发展。

②融合性原则。管理会计应嵌入单位相关领域、层次、环节，以业务流程为基础，利用管理会计工具方法，将财务和业务等有机融合。

③适应性原则。管理会计的应用应与单位应用环境和自身特征相适应。单位自身特征包括单位性质、规模、发展阶段、管理模式、治理水平等。

④成本效益原则。管理会计的应用应权衡实施成本和预期效益，合理、有效地推进管理会计应用。

六、管理会计的活动与工具方法

企业、单位的管理会计活动是单位利用管理会计信息，运用管理会计工具方法，在规划、决策、控制、评价等方面服务于单位管理需要的相关活动。企业、单位应用管理会计，应做好相关信息支持，参与战略规划拟定，从支持其定位、目标设定、实施方案选择等方面，为单位合理制定战略规划提供支撑。同时，应融合财务和业务等活动，及时充分提供和利用相关信息，支持单位各层级根据战略规划做出决策。在应用管理会计的过程中，企业应设定定量、定性标准，强化分析、沟通、协调、反馈等控制机制，支持和引导单位持续高质高效地实施单位战略规划。为了考核绩效，企业、单位应合理设计评价体系，基于管理会计信息等，评价单位战略规划实施情况，并以此为基础进行考核，完善激励机制。同时，对管理会计活动进行评估和完善，以持续改进管理会计应用。

管理会计工具方法是实现管理会计目标的具体手段。管理会计工具方法是单位应用管理会计时所采用的战略地图、滚动预算管理、作业成本管理、本量利分析、平衡计分卡等模型、技术、流程的统称。管理会计工具方法具有开放性，随着实践发展不断丰富、完善。

管理会计工具方法主要应用于以下领域：战略管理、预算管理、成本管理、营运管理、投融资管理、绩效管理、风险管理等。

①战略管理领域应用的管理会计工具方法包括但不限于战略地图、价值链管理等。

②预算管理领域应用的管理会计工具方法包括但不限于全面预算管理、滚动预算管理、作业预算管理、零基预算管理、弹性预算管理等。

③成本管理领域应用的管理会计工具方法包括但不限于目标成本管理、标准成本管理、变动成本管理、作业成本管理、生命周期成本管理等。

④营运管理领域应用的管理会计工具方法包括但不限于本量利分析、敏感性分析、边际分析、标杆管理等。

⑤投融资管理领域应用的管理会计工具方法包括但不限于贴现现金流法、项目管理、

资本成本分析等。

⑥绩效管理领域应用的管理会计工具方法包括但不限于关键指标法、经济增加值、平衡计分卡等。

⑦风险管理领域应用的管理会计工具方法包括但不限于单位风险管理框架、风险矩阵模型等。

企业、单位应用管理会计，应结合自身实际情况，根据管理特点和实践需要，选择适用的管理会计工具方法，并加强管理会计工具方法的系统化、集成化应用。

七、管理会计信息的质量特征

管理会计可以为企业管理和决策提供形式多样的有用信息。为满足企业预测、决策、规划控制及业绩评价的需求，管理会计所提供的信息必须是高质量的。国外对管理会计信息质量特征的表述如下所述。

1996年，美国会计学会在《基本会计理论》第四章"为内部管理人员服务的信息"中，主要探讨了五项标准，即相关性、可认证性、不偏性、计量可能性和传递适应性，同时指出这些标准在用于内部报告和用于外部报告时的主要不同点。

1974年，美国会计学会的"内部规划与控制的概念与准则委员会"提出了下列与效益信息有关的几项特征：①相关性及目标间的相互关系；②准确性、精确性和可靠性；③一贯性、可比性和统一性；④可验证性、客观性、中立性和可追溯性；⑤综合性；⑥灵活性和适应性；⑦及时性；⑧可理解性、可接受性、激励性和公允性。

1987年，海尔康编写的《管理会计》一书对管理会计信息的基本特征提出了新的见解，认为有价值的管理会计信息应具有相关性、准确性、及时性、可理解性和注重成本—效益原则等特征。1988年，国际会计师联合会的《论管理会计概念》（征求意见稿）中又提出了对提高决策者信息质量有益的六个管理会计概念和标准：①经管责任；②可控性；③可靠性；④增量性；⑤相互依赖性；⑥相关性。

综上所述，管理会计提供的高质量信息应具有以下特征。

（一）相关性

相关性是指管理会计所提供的信息应当具有对决策有影响或对预期产生结果有用的特征。现代管理会计的重要特征之一是面向未来决策，因而是否有助于企业管理者正确决策，是衡量管理会计信息质量高低的重要标志。管理会计所提供的信息必须紧密围绕特定决策，不同方案的相关信息是不同的，凡是不具备相关性的信息，必须予以剔除，否则会干扰决策。这就要求管理会计人员应针对具体问题进行具体分析，不能盲目追求信息的全面、完整。

（二）客观性

客观性是指管理会计所提供的信息在相关范围内必须正确地反映客观事实。不正确的信息对管理是无用的，甚至会导致决策的失误，从而影响企业的经营业绩。但是，不能将管理会计提供的未来信息应当具备的可靠性与财务会计提供的历史信息应具备的准确性、精确性或真实性混为一谈。管理会计所提供的信息并非要求绝对精确，由于管理会计面向未来，很多信息建立在估计和预测的基础上，主观因素不免会影响信息的准确性，因此只能说，管理会计应在一定的条件下，尽可能提供正确可靠的信息。

（三）可理解性

管理会计所提供的信息应以使用者容易理解为准则，以使用者容易理解和接受的形式提供，即简单明了、易于理解。凡是对管理者做出某种判断或者评价有重要影响的信息，必须详细提供；凡是对管理者做出某种判断和评价没有重要影响的信息，可以合并、简化提供。可理解性有助于管理者将注意力集中于管理活动的重大因素上。此外，可理解性也要求信息使用者具备一定的经营管理知识。

（四）及时性

该特征规范管理会计信息提供的时间要求，是指管理会计必须为管理当局决策提供最及时、最新的信息。因此，管理会计人员应在最短时间内，完成数据的收集、处理和传递工作，其重要程度不亚于财务会计对及时性的要求。及时的信息有助于管理人员的决策，而过时的信息有可能导致决策失误。在及时性和准确性之间，管理会计更重视及时性，甚至愿意牺牲部分准确性以换取信息的及时性。

（五）灵活性

灵活性是指管理会计信息应具备较强的适应能力，数据信息能按照不同的管理目的划分成不同类型。灵活的分类能够更好地适应企业不同的管理要求，减少信息的数量。另外，管理会计涉及的业务类型繁多，管理人员应根据不同的业务选择不同的程序和方法，灵活提供多样化信息。

（六）成本效益性

管理会计在提供信息时要受成本和效益原则的约束，处理、提供和使用信息的成本应小于使用信息所产生的效益。管理会计对信息收集和处理程序的设置、业绩评价指标的设计、控制措施的运用，都应考虑其成本和产生的效益。

第三节　管理会计、财务会计与财务管理的区别和联系

管理会计和财务会计是现代会计的两大分支，分别服务于企业内部管理和外部决策，两者既有区别又有联系。

一、管理会计与财务会计的区别和联系

（一）管理会计与财务会计的区别

1. 职能不同

管理会计是规划未来的会计，其职能包括预测、决策、规划、控制和评价。管理会计虽然也要算账，但其侧重点在于能动地利用已发生的财务会计信息及其他相关资料预测前景、参与决策、规划未来和控制现在，属于经营管理型会计。而财务会计反映过去，其职能是核算与监督，其侧重点是反映过去，属于报账型会计。

2. 服务对象不同

管理会计又称为对内报告会计或内部会计，其服务对象主要是企业内部，侧重于加强企业内部管理，为企业内部各管理层提供有效经营和最优化决策所需的信息，包括预测经济前景、判断经济环境、确定最优的经营和投资方案等。财务会计又称为对外报告会计或外部会计，通过定期编制财务会计报告，提供一定日期的财务状况，以及一定期间的经营成果和现金流量状况的信息，其服务对象主要是企业外部，侧重于为企业外界有经济利害关系的团体或个人提供财务报告。这些利益相关者主要包括股东、债权人、税务部门、证券管理机构和潜在投资者等。

3. 约束条件不同

管理会计满足管理人员的管理需要以及经济决策理论和数学公式，没有强制性的公认会计原则或统一的会计制度，具有较大的灵活性。财务会计进行会计核算与监督，必须接受会计准则、会计制度及其他经济法规的制约，其处理方法只能在允许的范围内选用，灵活性较小。

4. 报告期间不同

管理会计面向未来进行决策、预测，因此其报告的编制不受固定会计期间（如月、季、年）的限制，而是根据管理需要编制反映不同影响期间经济活动的各种报告，还可按小时、天、月、年甚至若干年编制报告。财务会计面向过去进行核算和监督，反映一定期间的财务状况、经营成果和现金流量情况，应按规定的会计期间（如月、季、年）编制报告。

5. 会计主体不同

管理会计的主体是多层次的，可以是整个企业，也可以是分公司、车间、班组或个人。管理会计以企业内部的各个责任中心为核算主体，并对它们的日常经营活动的实际业绩进行控制、评价与考核。财务会计按照"会计主体假设"，不论企业内部采用几级核算制度，在对外提供财务报告时必须将各级财务报告逐层汇总，从企业全局角度提供集中、概括的财务信息。

6. 计算方法不同

由于未来经济活动的复杂性和不确定性，管理会计在进行预测、决策时，要大量应用现代数学方法（如微积分、概率论、线性规划等）和计算机技术。而财务会计多采用一般的数学方法（如加、减、乘、除）进行会计核算。

7. 信息精确程度不同

由于管理会计的工作重点面向未来，未来期间影响经济活动的不确定因素比较多，加之管理会计对信息及时性的要求，决定了管理会计所提供的信息不能绝对精确、只能相对精确。而财务会计反映已经发生或已经完成的经济活动，因此其提供的信息应力求准确，数字必须平衡。

8. 计量尺度不同

为了满足不同管理活动的需要，管理会计虽然主要使用货币量度，但也大量采用非货币量度，如实物量度、劳动量度、关系量度（如市场占有率、销售增长率）等。财务会计遵循"货币计量假设"，为了综合反映企业的经济活动，几乎全部使用货币度量。

（二）管理会计与财务会计的联系

管理会计与财务会计同属企业会计的范畴，两者之间有千丝万缕的联系。

1. 起源相同

管理会计与财务会计同属现代会计，都是在传统会计中孕育、发展和分离出来的，作为会计管理的重要组成部分，标志着会计学的发展和完善，两者相互依存、相互制约、相互补充。

2. 最终目标相同

尽管管理会计、财务会计分别为企业内部和外部提供信息，但最终目标都是使企业能够获得最大利润，提高经济效益。

3. 基本信息同源

管理会计所使用的信息尽管广泛多样，但基本信息来自财务会计，有的是财务会计资料的直接使用，有的则是财务会计资料的深加工和再利用，对财务数据进行调整和延伸。

4. 服务对象交叉

虽然管理会计与财务会计有内外之分，但服务对象并不严格、唯一。在许多情况下，管理会计的信息可以为外部利益集团所采用，如利润表、现金流量表，财务会计信息对企业内部决策也至关重要。

5. 某些概念相同

管理会计使用的某些概念，如成本、收益、利润等与财务会计完全相同，有些概念则是根据财务会计的概念引申出来的，如边际成本、边际收益、机会成本等。

管理会计与财务会计是现代会计的两大分支，是经济与管理理论共同发展的产物，为企业经营决策提供有用的信息。管理会计与财务会计既有区别又有联系，两者相辅相成，服务于现代企业，为企业创造经济效益。

二、会计与财务管理的区别和联系

（一）会计与财务管理的区别

从对象上看，会计与财务管理有所不同。会计作为一个经济信息系统，它的处理对象是价值运动信息。财务管理的目的是根据价值运动规律，为企业带来尽可能大的收益，所以其管理的对象就是价值运动自身。显然，价值运动不等同于价值运动信息。对象的区别使得两者所采取的方法有别，进而使两者显示出不同的特征且必须加以区分。尽管不同学科可以研究同一事物，但对象仍有区别，或是事物运动的不同层次，或是事物运动的不同形式。

从职能上看，会计和财务管理也各有分工。会计最基本的职能是反映。会计通过一系列专门的方法，对价值运动所发生的信息进行加工、处理，以如实反映企业的价值运动，使会计信息使用者能够对企业的生产经营活动有一个系统、全面和综合的了解，以帮助他们进行管理和决策。会计的另一职能是控制。会计的控制职能主要是利用会计信息的反馈作用，通过使用信息的管理者间接实现的。管理者根据会计信息做出的决策，即影响经济活动的命令，这不能认为是会计的职能，而是管理的职能。因此，会计并不对价值运动进行直接管理，它也不具备管理所固有的职能。相比之下，财务管理是对企业的财务活动（价值运动）直接进行管理，因而它具有一般管理所固有的职能，即计划、组织、指挥、协调和控制。

（二）会计与财务管理的联系

就会计与财务管理之间的联系，目前有"财会合一""大会计""大财务"和"财会并列"等观点。

1. 财会合一

一部分人认为，财务管理和会计没有什么本质区别，两者相近相似，可以融合在一起，提出将财务管理和会计合并的论调，其实这一观点是错误的、片面的。通过上面的论述，我们不难发现，财务管理和会计无论是客观基础方面还是职能对象方面都有着本质的区别。中华人民共和国成立后到改革开放前，我国的财务管理和会计是合并在一起的，以此为财会合一观的论证依据。但我们要清楚地知道，在特殊历史时期的特殊经济管理体质下的财会合一，即在计划经济下财务管理只由国家宏观把持，企业无财可理，这一现象只能作为特例，却不适用于当今社会。

2. 大会计

所谓的大会计就是认为会计包含了财务管理。这样的论调将会计的职能扩大化了，错误地认为会计具有管理职能，所以财务管理作为管理活动的一个分支自然被会计包含在内。但实际上，会计所谓的管理职能，只是对会计信息的反馈，真正行使管理职能的是利用会计反映出来的信息进行企业决策的管理者而非会计。

3. 大财务

大财务就是认为财务管理包含了会计。这种论调的产生是因为制订财务计划、组织日常管理工作、进行会计核算、分析财务情况、检查财务事项是财务管理的必须环节，而会计核算是其中的一个环节，应该将会计归属于财务管理。其实，我们已经分析过财务管理和会计产生的历史条件和对象的不同。在人类社会的发展过程中，会计是先于财务管理产生的，在没有财务管理的时候会计便独立运作，所以会计并不依赖于财务管理本身。

4.财会并列

财会并列观即财会平行观。持这种观点的人认为，会计与财务管理既有区别又有联系，应分别对待。通过对以上几种观点进行评析不难发现：财会并列观点遵循了辩证法的原理，能够一分为二地看待问题，能够发现会计和财务管理的区别以及它们之间的联系，这说明"财会并列观"是比较科学的、适用的。

综合各类观点来看，目前比较流行的看法是：财务管理离不开会计所提供的以财务信息为主的经济信息，会计信息的提供也应该适应财务管理的要求。

财务管理离不开由会计提供的财务信息，而会计则要密切跟踪财务活动，捕捉有关资金运动的信息，反转来为财务管理服务。也就是说，财务管理是进行有关资金筹集供应与运用的意向决定，而会计是为这种意向决定提供情报的。这里所说的提供情报，也就是提供价值运动信息。

财务部门筹集资金、运用资金以及对盈利的分配，都会反映到会计部门。但是，价值运动却没有进入会计部门：价值运动同生产经营活动是不可分离的，而进入会计部门的不过是被接收的以凭证为载体的价值运动发出的信息。价值运动信息就这样借助于原始凭证"悄悄地"进入了会计信息系统，并按会计信息使用者的要求进行加工处理和输出。财务部门筹集的资金是否合理？资金运用是否得当？盈利分配是否科学？均要依据会计部门提供的信息（加工后的价值运动信息即会计信息）同预定的财务目标进行比较后才能做出正确的判断。

正如日本学者宫本匡章在《会计情报手册》中总结的一样：财务是目的，会计是手段；财务管理着眼于未来，会计着眼于过去；会计因提供经营意向的确切情报而日益重要，财务管理则承担着计划、管理、分析的工作。财务管理是以资本为对象的实体活动，会计是以财务活动及其结果为对象的情报处理活动。离开会计，财务管理便成无米之炊；离开财务管理，会计的作用也将无从发挥。

第二章　财务报表分析和财务预测

第一节　财务报表概述

财务报表是对企业财务状况、经营成果和现金流量的结构性表述。它是一套会计文件，由资产负债表、利润表、现金流量表、所有者权益（或股东权益）变动表和附注组成。财务报表反映了企业过去一个时间段的财务表现及期末财务状况，囊括了企业经济活动的大量重要信息。财务报表使用者分析企业财务报表，意在将这些信息转换为有助于其提高经济决策水平的有用信息。财务报表能帮助使用者了解企业的经营状况，为其经济决策提供依据。

财务报表分析，以财务报表数据为主要依据，对经济活动与财务收支情况进行全面、系统的分析。它属于会计分析的重要组成部分。会计分析一般包括事前的预测分析、事中的控制分析、事后的总结分析。财务报表分析属于定期进行的事后总结分析。

一、财务报表分析的意义

企业对外公布的资产负债表、利润表和现金流量表等财务报表能为经济管理部门、投资者、债权人和本企业内部提供该企业财务状况和经营成果的概括性资料。但是，要进一步了解该企业经济活动中所取得的成绩和存在的问题，仅仅根据上述财务报表提供的信息是不够的，还需要对财务报表所提供的数据进一步加工，进行比较、分析，得到经营管理和经营决策所需要的经济信息。例如，资产负债表是反映企业某一特定日期资产、负债和所有者权益及其构成情况的财务报表，但债权人最关心的是企业的偿债能力，但说明企业偿债能力的资料在资产负债表中没有被直接列示，利用资产负债表中的资产项目和负债项目的金额进行比较，则可以计算出资产负债率、流动比率和速动比率等评价企业偿债能力的财务指标，从而清楚地了解企业的偿债能力。所以，通过类似这种具体的分析比较，可以全面、深刻地认识一个企业的经济活动和财务收支情况，正确评价其经营成果，明确问题和原因所在，同时促使该企业采取有效的改进措施，提高管理水平，促进生产经营正常发展。

财务报表能集中反映企业、事业、行政机关等单位的资金状况、财务收支和财务成果等重要的会计信息。但是，为了综合考察企业的经济效益，还需要将投入与产出、所耗与所得进行比较，以便判断经济效益的好坏。例如，利润表是反映企业在一定会计期间的经营成果及其分配情况的财务报表，但投资者最关心的是企业的盈利能力，而企业实现的利润总额的大小，并不能直接说明企业盈利能力的高低。将利润表和资产负债表等有关报表项目的金额进行比较和分析，便可以计算出资产报酬率、销售利润率和成本费用利润率等评价企业盈利能力的财务指标，从而清楚地了解企业的盈利能力。所以，通过经济效益指标的计算和分析，便能较正确地评价企业的经营成果，并为企业进一步增产节约、增收节支、提高经济效益提供科学依据。

资产负债表分析的意义在于帮助报表使用者了解资产的分布是否得当，资产、负债和所有者权益之间的结构是否合理，企业的财务实力是否雄厚，企业偿债能力的强弱，所有者持有权益的多少，企业财务状况的发展趋势等，从而为报表使用者进行预测和决策提供重要的财务信息。利润表分析的意义在于，报表使用者通过利润表可以从总体上了解企业收入、成本和费用、净利润（或亏损）的实现及构成情况，同时通过利润表提供的不同时期的比较数字（本月数、本年累计数、上年数），可以分析企业的获利能力及利润的未来发展趋势，了解投资者投入资本的保值增值情况。现金流量表分析的意义在于帮助报表使用者了解和评价企业获取现金和现金等价物的能力，并据此预测企业未来现金流量，进而分析企业偿债能力及支付股利的能力等，如在分析企业的短期偿债能力时，虽然可以通过计算流动比率进行一般分析，但是资产并不能全部转换成现金去偿债。比如应收账款在企业的流动资产中占有相当的比例，其部分属于呆账，不可能用于偿债；再如存货，其中的原材料要经过生产过程、销售过程，不可能用于即期偿债。因此，流动资产中偿债能力最强的是现金，企业的偿债能力主要取决于其获取现金的能力，现金流量表可以提供这些信息。企业投资者、债权人的资金投入企业后，他们关心的是企业是否具有到期偿还债务的能力、是否具有到期支付股利的能力，而现金流量表中的现金流量就为投资者、债权人提供了可靠的依据。

二、财务报表分析的起源

财务报表分析始于19世纪末20世纪初。当时的财务报表仅指资产负债表，为了防止竞争对手获得资讯，企业一般不公布损益表。随着经济的快速发展和资本主义大规模生产的出现，企业的融资需求大幅上升，在这种情况下，银行的地位和作用逐渐增强。

金融机构为了了解借款企业的财务结构和经营业绩，要求企业提交财务报表作为贷款的依据。

1898年2月，美国纽约州银行协会的经理委员会提出议案，要求所有的借款人必须提交由他们签字的资产负债表，以衡量企业的信用和偿债能力。1900年，该协会发布了申请贷款的标准表格，包括部分资产负债表。此后银行开始根据企业资产和负债的质量对比来判断企业对借款的偿还能力和还款保障程度，并且将流动比率、速动比率等一系列的比率分析指标作为判断的依据。例如美国学者亚历山大•沃尔建议使用财务比率法来评价企业的信用，以此防范贷款的违约风险。1923年，美国的白利斯出版了《管理中的财务和经营比率》一书，他提出并建立了各行业平均的标准比率，便于人们对各企业进行横向财务比较。当然，比率分析也存在着许多不足之处。1921年，吉尔曼出版了著作《财务报表分析》，他指出不能高估比率分析的作用，因为财务比率和资产负债表之间的关系似乎难以明确，他还主张应用趋势分析法的必要性。

将财务报表分析引入投资领域的是美国的汤姆斯。1900年，他出版了《铁路财务报表分析》。该书使用经营费用与毛利率、固定费用与净收益比率等现代财务分析方法来评价当时的铁路行业经营状况。此后，财务报表分析作为评价财务状况的基础在投资领域越来越盛行。

尽管在20世纪初财务报表分析技术有了许多重大突破，但是直到20世纪50年代财务报表分析才成为一门独立的学科。随着股份制经济和资本市场的发展，债权人和投资者开始系统分析企业的财务报表资讯，关注企业的偿债能力、信用品质和经营成果，从而促进了财务报表分析的发展，使之成了一门独立的、实用性很强的新学科。

三、财务报表分析的目的

财务报表分析的目的何在？美国斯坦福大学教授威廉·H.比弗曾提出以下观点。财务报表分析的运用可从企业内部与企业外界两个不同的方面来讨论。从企业内部来说，财务报表分析所获得的各项结果如同各种不同的信号一样，可作为指示企业管理者进一步追查问题的标记，以确定其原因所在，并作为管理决策的依据。就此而言，财务报表分析的目的在于揭示发生的问题，并进一步追查其原因。因此，财务报表分析本身并非解决问题，只是发现问题的一种过程而已。就企业外部来说，财务报表分析旨在分析各种会计信息相互间的关系，以寻求具有意义的相关性。就此而言，财务报表分析的目的在于向企业外部信息使用者提供获取决策信息的途径。为达到上述两方面的用途，财务报表分析具有两项主要的目的：评价偿债能力和获利绩效。评价偿债能力即评价一个企业偿还到期债务能力的强弱。评价获利绩效即根据股利分配及资本利得的多寡，评价一个企业获利能力的高低。

纽约市立大学教授利奥波德·A.伯恩斯坦指出，财务报表分析的主要目的可以归纳为下列六项分析：短期偿债能力分析、资金流量分析、资本结构分析与长期偿债能力分析、投资报酬率分析、获利能力分析、资产运用效率分析。

财务报表分析是针对某一特定目的，收集与该特定目的有关的各项信息，予以适当安排，以显示各项信息间的相关性，进而研究其相关性，最后解释其结果，以达到其特定的目的。

财务报表分析主要是为有关各方提供可以用来做出决策的信息。报表使用者利用财务报表有各自不同的目的，均希望从财务报表中获得对其经济决策有用的信息。

四、财务报表分析的主体

财务报表分析的主体是财务报表的使用者，财务报表的使用者有许多种，包括债权人、投资人、管理人员、政府机构和其他与企业有利益关系的人士。他们出于不同的目的使用财务报表，各自需要不同的信息。他们采用不同的分析程序和方法来获得各自需要的分析结果。

（一）债权人

债权人是指借款给企业并得到企业还款承诺的人。债权人关心企业是否具有偿还债务的能力。债权人可以分为短期债权人和长期债权人。

债权人决定是否给企业提供信用，以及是否需要提前收回债权。他们进行财务报表分析是为了回答以下几方面的问题。

①企业为什么需要筹集资金？
②企业还本付息所需资金的来源是什么？
③企业对于以前的短期和长期借款是否按期偿还？
④企业将来在哪些方面还需要借款？
⑤企业偿债能力如何？
⑥企业资金使用效率如何？

（二）投资人

投资人是指企业的权益投资人，即普通股东。投资人投资企业的目的是增加自己的财富。他们所关心的是收益能力以及风险等。

投资人进行财务报表分析，是为了回答以下几方面的问题。

①企业当前和长期的收益水平如何？
②企业目前的财务状况如何、资本结构怎样？
③企业收益风险和报酬如何？
④与其他竞争者相比，企业处于何种地位？

（三）管理人员

管理人员是指被所有者聘用的、对公司资产和负债进行管理的个人组成的团体，有时称为"管理当局"。

管理人员关心企业的财务状况、盈利能力和持续发展的能力。管理人员可以结合企业内部信息分析财务报表数据，发现问题并找出对策，使企业能持续稳定发展。他们分析财务报表的主要目的是评价企业财务执行情况和改善企业财务报表指标。

（四）政府机构

政府机构也是公司财务报表的使用人，包括税务部门、国有企业的管理部门、证券管理机构、会计监管机构和社会保障部门等。它们使用财务报表是为了履行自己的监督管理职责。

（五）其他

财务报表的其他使用者，如供应商、企业雇员和工会、竞争对手、中介企业和咨询机构等。供应商主要关心自己的债权能否收回。供应商通过分析财务报表，对企业短期偿债能力和长期偿债能力做出判断，决定是否需要追加抵押和担保、是否需要提前收回债权等。企业雇员和工会要了解企业的财务状况，以维护自身的相关利益。竞争对手希望获取关于企业的财务信息及其他信息，借以判断企业间的相对效率。同时，还可为未来可能出现的企业兼并提供信息。因此，竞争对手可能把企业作为接管目标，因而他们对企业财务状况的各个方面均感兴趣。

从以上的讨论中，可以得出以下结论。

①财务信息使用者所要求的信息大部分都是面向未来的。

②不同的信息使用者各有其不同的目的，因此，即使对待同一对象，他们所要求得到的信息也是不同的。

③不同的信息使用者所需的信息的深度和广度不同。

④企业财务报表中不包括使用者需要的所有信息。

⑤中介和咨询机构利用自身的专业知识分析财务报表，为客户提供咨询服务。

五、财务报表的种类

目前，世界各国的基本财务报表一般包括资产负债表、利润表以及现金流量表。按照我国《企业会计准则》以及有关会计制度的规定，企业的基本财务报表包括资产负债表、利润表、现金流量表和所有者权益（或股东权益）变动表及相应的附注。正是企业的财务报表揭示了企业财务状况与经营成果，才使企业现在和潜在的投资者、贷款提供者以及其他与企业有经济利害关系的信息使用者了解了企业的财务状况，在分析的基础上做出有关经济决策。

六、财务报表的作用

首先，财务报表能够为企业现在和潜在的投资者、债权人以及其他财务报表的使用者提供对决策有用的财务信息。有用的财务信息建立在真实可靠的基础之上，与企业的财务状况、经营成果和现金流量相吻合，与公认会计原则相符合。财务报表可以为财务报表使用者提供企业决策和经济决策所需的信息。

其次，财务报表有利于促进社会资源的合理配置，为公共利益服务。企业的主要资金来源为投资者投入的资本及通过借款取得的资金。前者可以通过发行股票取得，后者可以通过向银行贷款或发行债券取得。这些行为需要一定的经济实力作为保障。投资者和债权人也会对投资和借款行为的收益—成本—风险进行权衡，以便选择投资、借款的对象。财务报表为那些正在寻找投资机会的投资者以及已经投资的投资者提供有益的信息，帮助他们把有限的资源投入能够有效利用并能为其带来较高利益的企业。

最后，财务报表是企业的财务状况、经营业绩和发展趋势的综合反映，是投资者了解企业、决定投资行为的最全面、最翔实、最可靠的第一手资料。

（一）资产负债表的作用

资产负债表向人们揭示了企业拥有或控制的能用货币表现的经济资源，即资产的总规模及具体的分布形态。不同形态的资产对企业的经营活动有不同的影响，因而对企业资产结构的分析可以帮助人们对企业的资产质量做出一定的判断。

将流动资产（一年内可以或准备转化为现金的资产）、速动资产（流动资产中变现能力较强的货币资金、债权、短期投资等）与流动负债（一年内应清偿的债务责任）联系起来分析，可以评价企业的短期偿债能力。这种能力对企业的短期债权人尤为重要。

通过对企业债务规模、债务结构和所有者权益进行分析，可以对企业的长期偿债能力及举债能力（潜力）做出评价。一般而言，企业的所有者权益占负债与所有者权益的比重越大，企业清偿长期债务的能力越强，企业进一步举借债务的潜力也就越大。

通过对企业不同时点的资产负债表进行比较，可以对企业财务状况的发展趋势做出判断。可以肯定地说，企业某一特定日期（时点）的资产负债表对信息使用者的作用极其有限。只有把不同时点的资产负债表结合起来分析，才能把握企业财务状况的发展趋势。同样，将不同企业同一时点的资产负债表进行对比，还可对不同企业的相对财务状况做出评价。

通过对资产负债表与损益表有关项目的比较，可以对企业各种资源的利用情况做出评价，如可以考察资产利润率、资本报酬率、存货周转率、债权周转率等。

（二）利润表的作用

利润表又称损益表，它是反映企业在一定会计期间经营成果的会计报表。利润表主要为报表使用者提供企业盈利能力方面的信息。利润表提供的信息，有助于报表使用者了解和评价企业的经济效益、获利能力和偿债能力，并对未来做出预测；有助于企业管理人员发现各方面工作中存在的问题、找出原因，改善经营管理以及做出合理的经营决策。

利润表主要用来充分反映企业经营业绩的来源和构成，有助于报表使用者判断企业净利润的质量及其风险，有助于报表使用者预测净利润的持续性，从而做出正确的决策。利润表可以反映企业生产经营活动的成果，即净利润的实现情况，报表使用者据以判断资本保值和增值情况。通过利润表可以分析利润增减变化的原因，便于会计报表使用者判断企业未来的发展趋势，为编制下期的利润预算、改进经营管理提供科学的依据。

（三）现金流量表的作用

现金流量表是以现金为基础编制的反映企业财务状况变动的报表，它反映企业一定会计期间有关现金和现金等价物的流出和流入的信息，表明企业获得现金和现金等价物的能力。

根据会计准则的规定，现金是指企业库存现金以及可以随时用于支付的存款。此处的现金有别于会计上所讲的现金，不仅包括"现金"账户核算的现金，还包括企业"银行存款"账户核算的存入金融机构、随时可以用于支付的存款，"其他货币资金"账户核算的外埠存款、银行汇票存款、银行本票存款和在途货币资金等。现金等价物是指企业持有的期限短、流动性强、易于转换为已知金额现金、价值变动风险很小的投资。现金等价物虽然不是现金，但其支付能力与现金的差别不大，可视为现金。现金流量是某一时期企业现金流入和流出的数量，如企业通过出售商品、提供劳务、出售固定资产、向银行借款等方式取得现金，形成企业的现金流入；企业通过购买原材料、接受劳务、购置固定资产、对外投资、偿还债务等方式支付现金，形成企业的现金流出。现金流量信息能表明企业经营状况是否良好、资金是否紧缺、企业偿付能力大小等，从而为投资者、债权人、企业管理者提供非常有用的信息。同时还应注意，企业现金形式的转换不会产生现金的流入和流出。例如，企业从银行提取现金，是企业现金存放形式的转换，并未改变现金流量；同样，现金与现金等价物之间的转换也不改变现金流量，如企业将一个月前购买的有价证券变现，收回现金，并不增加或减少现金流量。

现金流量表以现金的流入和流出反映企业在一定期间的经营活动、投资活动和筹资活动的动态情况，反映企业现金流入和流出的全貌。现金流量表的主要作用如下所述。

①现金流量表可以提供企业的现金流量信息，从而有利于报表使用者对企业整体财务状况做出客观评价。

②现金流量表能够说明企业一定期间现金流入和流出的原因，能全面说明企业的偿债能力和支付能力。

③通过现金流量表能够分析企业未来获取现金的能力，并可预测企业未来的财务状况。

④现金流量表能够提供不涉及现金的投资活动和筹资活动的信息。

第二节 财务报表的结构和主要内容

一、资产负债表的结构和主要内容

资产负债表是反映企业某一特定日期（月末、年末）全部资产、负债和所有者权益情况的会计报表，它的基本结构是"资产＝负债＋所有者权益"。不论企业处于怎样的状态，这个会计平衡式永远是恒等的。左边反映的是企业所拥有的资源，右边反映的是企业的不同权利人对这些资源的要求。债权人可以对企业的全部资源有要求权，企业以全部资产对不同债权人承担偿付责任，偿付全部的负债之后，余下的才是所有者权益，即企业的资产净额。资产负债表根据资产、负债、所有者权益（或股东权益，下同）之间的勾稽关系，按照一定的分类标准和顺序，把企业一定日期的资产、负债和所有者权益各项目予以适当排列。资产负债表反映的是企业资产、负债、所有者权益的总体规模和结构，即资产有多少。资产中流动资产、固定资产各有多少，流动资产中货币资金有多少、应收账款有多少、存货有多少，等等；所有者权益有多少，所有者权益中实收资本（或股本）有多少、资本公积有多少、盈余公积有多少、未分配利润有多少，等等。

在资产负债表中，企业通常按资产、负债、所有者权益分类分项反映。也就是说，资产按流动性大小进行列示，具体分为流动资产、长期投资、固定资产、无形资产及其他资产；负债也按流动性大小进行列示，具体分为流动负债、长期负债等；所有者权益则按实收资本、资本公积、盈余公积、未分配利润等项目分项列示。

银行、保险企业和非银行金融机构由于在经营内容上不同于一般的工商企业，其资产、负债、所有者权益的构成项目也不同于一般的工商企业，具有特殊性。但是，在资产负债表上列示时，对于资产而言，通常也按流动性大小进行列示，具体分为流动资产、长期投资、固定资产、无形资产及其他资产；对于负债而言，也按流动性大小列示，具体分为流动负债、长期负债等；对于所有者权益而言，按实收资本、资本公积、盈余公积、未分配利润等项目分项列示。

资产负债表的资产类主要项目有货币资金、交易性金融资产、应收款项、预付账款、存货票据、其他流动资产、长期投资、固定资产、无形资产等。

二、利润表的结构和主要内容

利润表的格式一般有两种：单步式利润表和多步式利润表。我国实施的会计准则要求企业采用多步式编制利润表，即要求企业对当期的收入、费用、支出项目按性质加以归类，按利润形成的主要环节列示一些中间性利润指标，分步计算当期净利润。

首先，利润表各项目按"本期金额"和"上期金额"两栏反映。

其次，项目计算分为两大部分：一部分是计算利润，包括营业利润、利润总额和净利润；另一部分是每股收益，包括基本每股收益和稀释每股收益。

利润表中利润部分的格式分为以下三步。

第一步，以经营收入为基础，减去营业成本、营业税金及附加、销售费用、管理费用、财务费用、资产减值损失，加上公允价值变动收益（减去公允价值变动损失）和投资收益（减去投资损失），计算出营业利润。

第二步，以营业利润为基础，加上营业外收入，减去营业外支出，计算出利润总额。

第三步，以利润总额为基础，减去所得税费用，计算出净利润（或净亏损）。

三、现金流量表的结构和主要内容

现金流量表正表采用报告式的结构，分类反映经营活动产生的现金流量、投资活动产生的现金流量和筹资活动产生的现金流量，最后汇总反映企业现金及现金等价物的净增加额，有外币现金流量及境外子企业的现金流量折算为人民币的企业，正表中还应单设"汇率变动对现金的影响"项目。分析现金流量及其结构，可以了解企业现金的来龙去脉和现金收支构成，评价企业经营状况、创现能力、筹资能力和资金实力。

现金流量表主要由三部分组成，分别反映企业在经营活动、投资活动和筹资活动中产生的现金流量。每一种活动产生的现金流量又分别揭示流入、流出总额，使会计信息更具明晰性和有用性。经营活动产生的现金流量，包括购销商品、提供和接受劳务、经营性租赁、交纳税款、支付劳动报酬、支付经营费用等活动形成的现金流入和流出。

四、财务报表附注的结构和主要内容

财务报表附注是为了便于财务报表使用者理解财务报表的内容而对财务报表的编制基础、编制依据、编制原则和方法及主要项目等所做的解释。它是对财务报表的补充说明，是财务会计报告体系的重要组成部分。财务报表附注大致由三部分组成：公司基本情况的披露；主要财务报表项目注释；关联方关系及其交易、资产负债表日后事项、或有事项、承诺事项等在内的其他重要事项的披露。

（一）公司基本情况的披露

公司基本情况的披露主要包括公司基本情况、财务报表编制基础、重要会计政策和会计估计等内容。财务报表使用者可以从"公司基本情况"中了解公司历史沿革、所处行业、经营范围、主要产品或提供的劳务等；从"财务报表编制基础"中掌握公司是否以持续经营为基础编制财务报表，如果财务报表的编制还遵循了其他基础，也会在此处说明；关键是要通过对"重要会计政策和会计估计"有关内容的浏览，搞清楚企业在企业会计准则大原则下所执行的各项具体会计政策，了解公司所选用的会计估计方法。某一项重大会计政策或会计估计的不同选择，有时会对公司财务报表所反映的财务信息产生颠覆性的影响。另外，提醒广大财务报表使用者要关注公司当期是否存在重要会计政策和会计估计的变更。若有变更，就要弄清楚这类变更对公司财务状况和经营成果的影响程度。

对集团型公司来说，在财务报表附注的第一部分会披露全部控股子公司的名称、注册资本、经营范围、集团投资额及所占权益比例等基本情况，同时告诉财务报表使用者集团合并财务报表的编制方法等。报表使用者在阅读财务报表前掌握这些财务信息非常重要，能为其看懂财务报表打下扎实的基础。

（二）主要财务报表项目注释

财务报表附注的第二部分是"主要财务报表项目注释"，它是针对财务报表主要项目列示的金额所做的一一对应的解释。财务报表使用者在阅读财务报表过程中可根据各个项目旁的"注释号"在财务报表附注相应的地方找到解释该项目的详细内容。可以说，报表使用者要真正看懂财务报表，就必须在阅读过程中使用财务报表附注这一个"助读器"。如果报表使用者只看报表项目不看报表附注中的项目注释，仅凭经验估计或瞎猜，就会得到偏离实际甚至错误的财务信息。

对于资产负债表项目，注释会披露其期初余额的构成明细、本期增加及减少发生额情况、期末余额的构成明细等基本内容。例如一些从事制造业的公司，报表中"存货"项目往往占用大量资金。报表使用者若要了解"存货"的具体内容、判断其合理性，只能在"存货"项目的注释中找到答案。那里会详细列示原材料、在产品、产成品等各类存货的资金分布及其变动情况，披露是否存在呆滞积压及所计提的跌价准备等重要信息，帮助报表使用者做出正确的判断。

对于利润表项目，注释会披露其上期发生额的构成明细、本期发生额的构成明细等基本内容。例如对于投资型公司来说，利润表中所列示的"投资收益"往往金额较大。报表使用者如果要进一步了解投资收益的具体内容、哪些方面的收益对公司利润的贡献最大，必须查看"投资收益"项目的注释。那里会单独列示股票投资收益、债权投资收益、委托贷款利息收入、转让股权投资损益、以成本法核算的被投资单位宣告分派的利润、确认占联营及合营企业净损益等各项收益构成。到底形成公司主要利润来源的是哪部分投资所产生的收益，报表使用者可以看得明明白白。按我国会计准则的要求，对增减幅度达到或超过30%的项目金额，注释需说明其变动的主要内容和原因。对于特殊报表项目，注释还需要披露其具体内容和发生的事由。这些注释将帮助报表使用者正确了解财务报表所反映的公司财务状况和经营成果。

（三）其他事项披露

财务报表附注的第三部分主要包括关联方关系及其交易、资产负债表日后事项、或有事项、承诺事项等其他重要事项的披露。这部分内容所披露的属于表外重要信息，是报表使用者必须掌握的财务信息，能对其获取的财务报表信息起到修正作用。

"关联方关系及其交易"的披露，能详尽地列示公司按新企业会计准则认定的关联方的基本信息和当期公司与关联方之间发生的交易种类、定价政策、交易额等重要信息，这方面对于报表使用者阅读理解大型集团下属公司的财务报表尤为关键。实务中常有公司利用集团这个同一控制人的作用，与集团下属其他公司发生大额关联交易，达到粉饰财务报表的目的。

"资产负债表日后事项"是指公司资产负债表日至财务报告批准报出日之间发生的需要调整或说明的有利或不利事项。这里所披露的是资产负债表日后非调整事项，有利事项能给报表使用者传递有利于公司形象的"锦上添花"之信息，如大额销货合同的签订、税收优惠政策的获得等；不利事项会给报表使用者传递要特别小心的"地雷"式信息，如主要客户的丢失、不利于公司发展的新经济政策的出台等。

"或有事项"或"承诺事项"对于一个持续经营的公司来说往往特别重要。有的公司的财务报表数据尽管不错，但就其披露的某些"或有事项"或"承诺事项"的内容来看，如对外巨额担保、主要经营资产抵押、重大诉讼等，它们对公司持续经营造成的风险非常大。

财务报表附注有利于报表使用者正确理解财务报表，合理分析判断企业财务状况和经营成果，获取决策所需的有用的财务信息。

第三节 财务报表分析的程序和方法

一、财务报表分析的程序

财务报表分析的起点是阅读财务报表，然后分析财务报表数据，根据分析结果做出某种判断（包括评价和找出问题）。财务报表分析过程，由比较、分类、类比、归纳、演绎、分析和综合等认识事物的步骤和方法组成。其中分析与综合是两种最基本的逻辑思维方法。因此，财务报表分析的过程也可以说是分析与综合的统一。财务报表分析的对象是企业财务的各项基本活动。财务报表分析就是从报表中获取符合报表使用者分析目的的信息，认识企业财务活动的特点，评价其业绩，发现其存在的问题。

财务报表分析的程序如下所述。

（一）明确分析目标

确定分析目的、制订分析方案。不同的会计报表使用者对报表所提供信息的要求不同，因此，其报表分析的目的也不尽相同。例如，投资分析主要是分析投资的营利性和安全性，信用分析主要是分析企业的偿债能力和支付能力。另外，从分析形式看，报表分析有日常经营分析、预测分析和检查分析等。分析目的确定后，要按照分析目的制订分析方案，包括确定报表分析的范围、采用的分析方法、分析工作的组织安排等。

（二）设计分析程序

根据分析目标进行分析程序设计，具体设计项目包括采用哪些分析方法和分析指标、选择什么样的分析标准以及分析到何种深度等。

（三）收集有关信息

分析方案确定后，可以收集被分析问题的有关资料，主要是财务报表的有关数据。但单纯的报表数据是不够的，因为企业的经营状况受整个宏观经济、市场环境等诸多因素的影响，因此还要收集财务报表以外的相关资料。这些资料一般包括：宏观经济形势信息、行业情况信息（尤其是主要竞争对手的信息）以及企业内部相关资料。收集资料可通过查阅资料（包括在因特网上检索）、向有关部门索取、开展专题调研、举办相关会议等多种方式进行。

（四）审定并整理资料

首先应审定所收集资料是否真实完整，相关资料间是否存在出入，然后对收集的数据进行适当的加工整理，以便获得隐含在报表资料中的重要关系和其他一些能够说明问题的财务数据或指标。

（五）分析资料

根据分析目标分析与评价所收集整理的资料，寻找数据间的因果关系，联系企业客观环境，解释形成现状的原因，揭示成绩与失误，暴露存在的问题，提出分析意见，探讨改进办法与途径。

（六）提出分析结论报告

在资料分析的基础上，通过归纳和综合，把分析对象系统化，形成论据充分、叙述清楚、分析透彻的财务报表分析报告。

二、财务报表分析的方法

财务报表分析的方法主要有比较分析法（横向比较分析法、纵向比较分析法）、比率分析法、因素分析法、现金流量分析法、价值分析法和综合分析法等。

（一）比较分析法

比较分析法也叫趋势分析法，是主要对财务报表中各类相关的数字进行分析比较的一种方法，尤其是将一个时期的财务报表指标与以前的指标、与竞争企业或行业指标相比较，以判断一个公司的财务状况和经营业绩的演变趋势以及其在同行业中地位的变化情况。比较分析法的目的在于：确定引起公司财务状况和经营成果变动的主要原因；确定公司财务状况和经营成果的发展趋势对投资者是否有利；预测公司未来发展趋势。比较分析法是财务分析的重要手段，它又分为横向比较分析法和纵向比较分析法。

横向比较分析法又称水平分析法，指将实际达到的结果同某一标准，包括某一期或数期财务报表中的相同项目的实际数据做比较。经常采用的一种形式是编制比较财务报表。纵向比较分析法又称垂直分析法或动态分析法，即以资产负债表、利润表等财务报表中的某一关键项目（如总资产和营业收入）为基数项目，以其金额为100，分别计算出其余项目的金额各占关键项目的百分比，这个百分比表示各项目的比重，通过比重对各项目做出判断和评价。

仅有百分比而不表示金额的财务报表称为共同比财务报表，是纵向分析的一种重要形式。资产负债表的共同比财务报表通常以资产总额为基数，而利润表以营业收入为基数。共同比财务报表分析的优点：便于对不同时期报表的相同项目进行比较，如果能对数期报表的相同项目做比较，就可以观察到相同项目变动的一般趋势，有助于评价和预测。

运用比较分析法应注意：指标内容、范围和计算方法的一致性；会计计量标准、会计政策和会计处理方法的一致性；时间单位和长度的一致性；企业类型、经营规模和财务规模以及目标的一致性。比较分析法的理论基础是客观事物的发展变化是统一性与多样性的辩证结合。共同性使财务报表具有了可比的基础，差异性使财务报表具有了不同的特征。在实际分析时，这两方面的比较往往结合使用。

1. 按比较参照标准分类

按比较参照标准分类，比较分析法有以下几种。

（1）趋势分析

趋势分析就是分析期与前期或连续数期项目金额的对比。这种对财务报表项目纵向比较分析的方法是一种动态的分析。

通过分析期与前期（上月、上季、上年同期）财务报表中有关项目金额的对比，可以从差异中及时发现问题、查找原因、改进工作。连续数期的财务报表项目的比较，能够反映企业的发展动态，揭示当期财务状况和营业情况增减变化，帮助报表使用者判断引起变动的主要项目是什么，这种变化的性质是有利还是不利，发现问题并评价企业财务管理水平。

财务报表的比较是将连续数期的财务报表金额并列起来，比较其相同指标的增减变动金额和幅度，据以判断企业财务状况和经营成果发展变化的一种方法。运用该方法进行比较分析时，最好是既计算有关指标增减变动的绝对值，又计算其增减变动的相对值，这样可以有效地避免分析结果的片面性。

在采用趋势分析法时，必须注意以下问题：第一，用于进行对比的各个时期的指标，在计算口径上必须一致；第二，必须剔除偶发性项目的影响，使作为分析的数据能反映正常的经营状况；第三，应用例外原则，对某项有显著变动的指标做重点分析，研究其产生的原因，以便采取对策，趋利避害。

（2）同业分析

将企业的主要财务指标与同行业的平均指标或同行业中先进企业指标进行对比，可以全面评价企业的经营成绩。与行业平均指标的对比，可以分析判断该企业在同行业中所处的位置；和先进企业指标的对比，有利于该企业吸收先进经验、克服缺点。

（3）预算差异分析

将分析期的预算数额作为比较的标准，实际数与预算数的差距就能反映完成预算的程度，可以为进一步分析和寻找企业潜力提供方向。

2. 按比较的指标分类

按比较的指标分类，比较分析法有以下几种。

（1）总量指标

总量指财务报表某个项目的金额总量，如净利润、应收账款、存货等。

由于不同企业的会计报表项目的金额之间不具有可比性，因此总量比较主要用于历史和预算比较。有时候总量指标也用于不同企业的比较。例如，证券分析机构按资产规模或利润多少建立的企业排行榜。

（2）财务比率

财务比率是用倍数或比例表示的分数式，它反映各会计要素的相互关系和内在联系，代表了企业某一方面的特征、属性或能力。财务比率的比较是最重要的比较，它们是相对数，排除了规模的影响，使不同比较对象之间建立起可比性，因此广泛用于历史比较、同业比较和预算比较。

（3）结构百分比

结构百分比是用百分率来表示某一报表项目的内部结构，它反映了该项目各组成部分的比例关系，代表了企业某一方面的特征、属性或能力。结构百分比实际上是一种特殊形式的财务比率。它们同样排除了规模的影响，使不同比较对象之间建立起可比性，可以用于本企业历史比较、与其他企业比较和预算比较。

（二）比率分析法

比率分析法是通过计算、比较财务指标的比率来确定相对数差异的一种分析方法。比率是相对数，采用这种方法要把分析对比的数值变成相对数，计算出各种不同的比率，然后进行比较，从确定的比率差异中发现问题。采用这种分析方法，可以把某些条件下不可比的指标变为可以比较的指标，以利于进行比较和分析，因此，比率分析法也是一种比较法。一般的比较法只是财务指标绝对数的比较，而比率分析法却是财务指标相对数的比较。

在运用比率分析法进行分析时，某一特定比率中涉及的各项目之间必须有联系，因为把互不关联的两个财务数据放在一起所计算出来的比率无任何意义。根据分析的不同内容和要求，可以计算出各种不同的比率进行比较。

1. 相关指标比率

将两个经济性质不同但又相关的指标进行对比求出其比率，然后进行各种形式的比较，可以从经济活动的客观联系中更深刻地认识经济活动、更合理地评价经济效益的高低。例如，通过计算、比较资产负债率、流动比率、速动比率等相关指标比率，便可以了解企业的偿债能力及其变动情况或与先进水平的差距等。

2. 构成比率分析

构成比率分析又称结构比率分析（或共同比分析），是计算某项经济指标的各个组成部分占总体的比重。计算公式为：

$$构成比率 = 某个组成部分数额 / 该总体总额 \times 100\%$$

计算、比较构成比率，可以了解某项经济指标的构成情况，以便考察总体部分的变化情况。例如，计算并比较资产构成比例、负债构成比率、所有者权益构成比率等，就可以了解这些构成比率是否合理、其发展变化是否更加有效，等等。

3. 动态比率

将某项经济指标不同时期的数额进行对比求出动态比率，然后进行各种形式的比较，可以考察该项经济指标的发展变化趋势和增减速度。

（三）因素分析法

因素分析法也是财务报表分析常用的一种技术方法，它是把整体分解为若干个局部的分析方法，包括比率因素分解法和差异因素分解法。

1. 比率因素分解法

比率因素分解法是把一个财务比率分解为若干个影响因素的方法。例如，资产收益率可以分解为资产周转率和销售利润率两个比率的乘积。

在实际的分析中，分解法和比较法是结合使用的。比较之后需要分解，以深入了解差异的原因；分解之后还需要比较，以进一步认识其特征。不断地比较和分解，构成了财务报表分析的主要过程。

2. 差异因素分解法

为了解释比较分析中所形成差异的原因，需要使用差异因素分解法。例如，产品材料成本差异可以分解为价格差异和数量差异。差异因素分解法又分为定基替代法和连环替代法两种。

定基替代法是测定比较差异成因的一种定量分析方法。这种方法需要分别用标准值（历史的、同业企业的或预算的标准）替代实际值，以测定各因素对财务指标的影响。

连环替代法是另一种测定比较差异成因的定量分析方法。这种方法需要依次用标准值替代实际值，以测定各因素对财务指标的影响。

（四）现金流量分析法

现金流量分析具有评价企业获取现金的能力、偿债能力和收益的质量，并可对企业投资活动和筹资活动做出评价的优点。所谓现金流量分析，是指对现金流量表上的有关数据进行分析、比较和研究，从而了解企业的财务状况及现金流量情况，发现企业在财务方面存在的问题，预测企业未来的财务状况，揭示企业的支付能力，为企业的科学决策提供依据。现金流量分析的内容可以概括为以下两个方面。

1. 结构分析

企业当期取得的现金来自哪些方面、用往哪些方面？其现金余额是如何构成的？各占总量的百分数为多少？现金流量的结构分析就是为了回答这些问题，即在现金流量表有关数据的基础上，进一步明确现金收入、支出和结余的构成。现金流量的结构分析可以分为现金收入结构、支出结构和结余结构分析三个方面。

2. 变动趋势分析

企业的现金收入、支出以及结余发生了怎样的变动？其变动趋势如何？这种趋势对企业有利还是不利？这就是现金流量变动趋势分析所要解答的问题。现金流量的变动趋势分析可以帮助报表使用者了解企业财务状况的变动趋势、了解企业财务状况变动的原因，在此基础上预测企业未来财务状况，从而为决策提供依据。变动趋势分析法是通过观察连续数期的会计报表，比较各期的有关项目金额，分析某些指标的增减变动情况，并在此基础上判断其变化趋势，从而对未来可能出现的结果做出预测的一种分析方法。运用变动趋势分析法，报表使用者可以了解有关项目变动的基本趋势，判断这种变动是有利的还是不利的，并对企业未来发展做出预测。变动趋势分析通常采用编制历年会计报表的方法，将连续多年的报表，至少是最近2~3年甚至5~10年的会计报表并列在一起加以分析，以观察变化趋势。观察连续数期的会计报表比单看一个报告期的会计报表能了解更多的情况和信息，有利于分析现金流量的变动趋势。

（五）价值分析法

企业经营的目的是实现价值最大化，因此，财务报表分析必须考虑企业价值最大化问题。企业价值分析首先是对企业盈利能力和风险水平的分析。企业资产有现时价值和未来价值之分，企业盈利能力和风险水平也有历史、现实和未来之分，要想在准确分析历史的基础上预测未来，有必要采用物价指数法、市场价值法、重置成本法等不同方法将以历史成本法编制的财务报表调整转换为以现值表示的财务报表，并在此基础上进行分析。可见，对企业价值的分析实质上是历史价值分析与未来价值分析的有机结合。

从投资者和债权人角度看，企业未来价值具有更重要的意义。由于企业的未来价值受企业外部环境和内部条件的影响，因此进行财务分析时应予以分别考虑。一般而言，诸如财政政策、市场发育程度、法制建设状况等外部环境因素，应作为预测企业未来价值的制约变量处理，客观评价其对企业未来价值的有利或不利影响。而对于企业的内部条件，包括人、财、物等各种因素，则必须作为企业未来价值分析的基本要素。可见，对企业未来价值的分析，实质上是宏观环境分析与微观条件分析的有机结合。

以企业价值分析为重心的财务报表分析体系，是一种广义的分析体系。既包括传统财务报表分析中根据历史数据揭示企业现时价值的盈利能力分析、偿债能力分析和资金运营能力分析等，又包括企业盈利能力预测、风险水平预测、偿债能力预测等涉及企业未来价值的因素；既考虑企业的内部条件，又兼顾企业面临的外部环境。因此，分析的结果更有利于反映企业的真实情况，满足信息使用者的需求。以企业价值分析为重心的财务报表分析的步骤如下：建立价值模型、分析企业资产价值、分析企业负债价值、分析企业权益价值、分析企业综合价值。

（六）综合分析法

单独分析任何一项财务指标或一张财务报表，总是难以全面评价和反映企业的财务状况和经营成果，要想对企业财务状况和经营成果有一个总的评价，全方位了解企业经营状况，就必须进行相互关联的分析，采用适当的标准进行综合性的分析和评价。综合分析法就是用相互联系、相互补充的分析方法和程序对分析目标进行分析并得到所需的结果。综合分析法贵在综合，指运用一个简捷的系统予以综合，得出一个概括性的结论（或称综合得分），以此反映企业的综合财务状况。其基本思路是选择若干所需财务指标并根据它们的重要性配以权重，计算结果与标准指标进行比较分析。标准指标体系可以是行业平均指标、整体经济平均指标和经济发达国家平均指标。常用的综合分析法有杜邦分析法和沃尔分析法。

第四节 财务报告数据资源与行业指标计算

财务报表分析是对财务报表数据信息的再加工、再利用，进行财务报表分析的第一步是收集财务报告信息。这些信息资料可以分成两大类：一类是企业历年的年度报告、中期报告等，目前我国只有上市公司公开这些资料；另一类是政府部门公布的统计数据和报告。

一、财务报告数据来源

上市公司的年报可以从企业的网站上下载或从证券交易所的网站上下载，这类文件多是 PDF 文档，需要耗费较多的时间加工整理。如需进行数据分析则要将文档中的数据提取出来，才能用其他的软件进行计算和分析。目前提供企业年报的网站如下所述。

上海证券交易所网站：提供 1999 年以来，沪市上市公司的历年年度报告、中期报告、季度报告和董事会公告或其他公告原文。

深圳证券交易所网站：提供 1999 年以来，深市上市公司的历年年度报告、中期报告、季度报告和董事会公告或其他公告原文。

中国上市公司资讯网：提供历年上市公司年度报告、中期报告、季度报告、招股说明书和上市公告书摘要，近期董事会公告或其他公告。

国外的网站：提供国外上市公司的年报资料。

年报也会在一些报刊上公布，如在《中国证券报》《上海证券报》和《证券时报》上刊登上市公司的年度报告、中期报告、季度报告、董事会公告和其他公告。

政府部门网站也提供宏观经济信息，这类网站如下所述。

中国统计信息网：提供国民经济的年度和月度统计数据，普查统计数据和其他统计数据。

国家发展和改革委员会网站：提供国家长期规划、年度计划和发展白皮书。

国家经济贸易委员会网站：提供经济运行调控统计数据资料。

中国人民银行网站：提供金融统计数据。

国家外汇管理局网站：提供我国外汇储备、国际收支和外债等统计数据资料。

国家税务总局网站：提供税收统计数据资料。

中国行业研究网：提供系统化行业分析数据库，为分析企业提供行业背景信息。

从上面所得到的企业年报资料中分析数据需要花费大量的时间进行数字整理，对专业分析人员来说是不可行的，因此，从专业数据服务公司购买数据就是一个较好的选择。目前提供数据服务的企业主要有：深圳市国泰安信息技术有限公司、上海万得资讯科技有限公司、北京色诺芬信息服务有限公司、美国宾夕法尼亚大学沃顿商学院。这类数据都是有偿服务，交年费后才能下载，也有按内容多少来支付费用的。

二、行业指标的计算

在进行比率分析时，往往将财务比率进行各种各样的对比分析，如时间数列比较、横向比较和依据一些标准值比较，不同的比较有着不同的评价目的和作用。比率分析法经常用到标准比率，标准比较通常要将企业财务指标与行业平均指标和最优指标进行对比分析，如何获取行业指标就是一个关键。首要的任务是收集行业财务报表数据，然后根据行业财务报表数据计算出需要的指标。

标准比率的计算方法有以下三种。

（一）算术平均法

应用算术平均法计算标准比率，就是将若干相关企业同一比率指标相加，再除以企业数。这里所说的相关企业根据分析评价范围而定。如进行行业分析比较，则相关企业为同行业内企业；如进行全国性分析比较，则相关企业为国内企业；如进行国际分析比较，则相关企业为国际范围内的企业。

例如，计算某行业的流动比率，首先计算出每个企业的流动比率，再将这些比率汇总并除以企业总数，就得出某个行业的平均流动比率。

由于这种方法在计算平均数时无法消除过高或过低比率对平均数的影响，限制了比率标准的代表性。

（二）中位数法

中位数法指将相关企业的比率按从高到低的顺序排列，处在最中间位置的一个比率（或最中间两个比率的平均数）就是这些比率的中位数。

（三）综合报表法

综合报表法指将各企业报表中构成某一比率的两个绝对数相加，然后根据两个绝对数总额计算的比率。

第五节　财务报表编制和列报的基本要求

一、财务报表编制的基本要求

编制财务报表时应做到数据真实、全面完整、前后一致、编报及时。

（一）数据真实

财务报表指标应当如实反映企业的财务状况、经营成果和现金流量。若要保证财务报表的真实可靠，需做好以下几项准备工作。

第一，企业在编制财务报表前，应当按照规定，全面清查资产、核实债务。

第二，核对各会计账簿记录与会计凭证的内容、金额等是否一致，与记账方向是否相符。

第三，依照规定的结账日进行结账，结出有关会计账簿的余额和发生额，并核对各会计账簿之间的余额。

第四，检查相关的会计核算是否按照国家统一的会计制度的规定进行。

第五，对于国家统一的会计制度没有规定统一核算方法的交易、事项，检查其是否按照会计核算的一般原则进行确认和计量以及相关账务处理是否合理。

第六，检查是否存在因会计差错、会计政策变更等需要调整的前期或者本期相关项目。在前款规定工作中发现问题的，应当按照国家统一的会计制度的规定进行处理。

（二）全面完整

财务报表应当反映企业生产经营活动的全貌，即全面反映企业的财务状况、经营成果和现金流量。保证财务报表全面完整的措施是企业应当按照财务报表规定的格式和内容编制财务报表。企业应按规定编报国家要求提供的各种财务报表，对于国家要求填报的有关指标和项目，应按照有关规定填列。

（三）前后一致

编制财务报表，前后期应当遵循一致性原则，不能随意变更。如果确需改变某些方法，应在报表附注中说明改变的原因及改变后对财务报表指标的影响。

（四）编报及时

企业应根据有关规定，按月、季、半年、年及时对外报送会计报表。会计报表的报送期限由国家统一规定。

月报应于月度终了后 6 天内（节假日顺延，下同）对外提供。

季报应于季度终了后 15 天内对外提供。

半年度报应于年度中期结束后 60 天内（相当于两个连续的月份）对外提供。

年报应于年度终了后 4 个月内对外提供。

二、财务报表列报的基本要求

企业应当以持续经营为基础，根据实际发生的交易和事项，按照企业会计准则的规定进行确认和计量，在此基础上编制财务报表。企业不应以附注披露代替确认和计量。

企业管理层应当评价企业的持续经营能力，对持续经营能力产生重大怀疑的，应当在附注中披露产生这种怀疑的影响因素。

企业正式决定或被迫在当期或将在下一个会计期间进行清算或停止营业的，表明其处于非持续经营状态，应当采用其他基础编制财务报表，并要在附注中声明财务报表未以持续经营为基础列报、披露的原因和财务报表的编制基础。

财务报表项目的列报应当在各个会计期间保持一致，不得随意变更，但下列情况除外。

①会计准则要求改变财务报表项目的列报。

②企业经营业务的性质发生重大变化后，变更财务报表项目的列报能够提供更可靠、更相关的会计信息。

③性质或功能不同的项目，应当在财务报表中单独列报，但不具有重要性的项目除外。性质或功能类似的项目，其所属类别具有重要性的，应当按其类别在财务报表中单独列报。若财务报表某项目的省略或错报会影响使用者据此做出经济决策，则说明该项目具有重要

性。判断项目的重要性,应当考虑该项目的性质是否属于企业日常活动因素;判断项目金额大小的重要性,应当根据单项金额占资产总额、负债总额、所有者权益总额、营业收入总额、营业成本总额、净利润等直接相关项目金额的比重加以确定。

④财务报表中资产项目和负债项目的金额以及收入项目和费用项目的金额不得相互抵消,但满足抵消条件的除外。资产项目按扣除减值准备后的净额列示,不属于抵消。非日常活动产生的损益,以收入扣减费用后的净额列示,不属于抵消。

⑤当期财务报表的列报,至少应当提供所有列报项目上的一个可比会计期间的比较数据,以及与理解当期财务报表相关的说明,但其他会计准则另有规定的除外。财务报表项目的列表发生变更的,应当对上期比较数据按照当期的列报要求进行调整,并在附注中披露调整的原因和性质,以及调整的各项目金额。对上期比较数据进行调整不切实可行的,应当在附注中披露不能调整的原因。所谓不切实可行,是指企业在做出所有合理努力后仍然无法采用某项规定。

⑥企业应当在财务报表的显著位置至少披露下列各项:编报企业的名称、资产负债表日或财务报表涵盖的会计期间、人民币金额单位,财务报表是合并财务报表的,应当予以标明。

第六节 预测概述及原理

财务预测作为预测学科的重要应用领域,是企业财务管理的重要环节,但不是最终目的。财务预测仅仅是一种手段,服务于企业的各个方面,它对企业制定财务活动的目标、进行财务决策、制订财务计划、采取适当的策略和措施、调节和指导人们的行动、合理有效地安排经济资源具有重要的作用。

一、预测概述

(一)预测的概念及其与决策、计划的关系

1. 预测的概念

人们对预测概念的理解有广义、狭义两种。广义的理解认为预测是根据已知事件推测未知事件,包括对目前尚未发生的事件的推测;狭义的理解认为预测仅是对目前尚未发生的事件的推测。从认识论的观点来看,预测是人类探索未来的一种认识活动,它是认识主体对于认识客体未来发展的一种预先的反映。尽管对预测有许多不同的解释,但一般应包括以下五个要素:预测主体、信息资料、预测手段和方法、预测对象、预测结果。

(1)预测主体

预测是由人来做的,人是预测活动的主体,如果没有人,也就不存在预测。但在某些

情况下，人既是预测者，又是被预测的对象，如人口预测。

（2）信息资料

信息资料是人们据以说明或判断未来事件的依据，包括收集的背景资料、统计数据、动态情报及预测者的经验和认识。信息资料中的经验及认识是前人经验的积累；背景资料、统计数据则反映客观真实的程度，对预测有重大影响。由于经验的积累及科学知识的丰富，现代预测所依据的信息比古代的预测在内容上丰富得多。

预测质量高低、是否可靠，与人们所掌握的信息密切相关。信息为预测提供基础，如果对事物的过去和现状一无所知，就很难做出有根据的预测。预测的对象越复杂，所需要的信息就越多。具有丰富的科学知识是进行科学预测的必要前提。古代的求神问卦、占凶卜吉，尽管也是试图预知未来，但充满了迷信和唯心的色彩。这种情况说明人类早期处在蒙昧时代，还没有掌握足够的科学知识，因此不可能做出科学的预测。但是即使在科学技术如此发达的今天，人类已经掌握了丰富的科学知识，如果预测的方法不恰当，也未必能得到满意的结果。也就是说要使预测更好地服务于决策，拥有丰富的知识是必要条件之一。为做出合理、有效的预测，更好地为决策服务，必须尽可能地获得与预测对象有关的信息资料。

（3）预测手段和方法

预测手段和方法也是影响预测质量的一个重要因素。假设、推理、计算、统计和数理统计等，都被不同程度地作为预测方法和手段来运用。掌握科学知识的多寡、手段和方法的运用是否恰当，是决定一个预测是否科学的关键。科学的预测，是人们利用所掌握的科学知识和科学手段所获得的有科学依据的预测；反之，人们在没有获得足够的科学知识、也没有运用有效的科学手段的情况下，所做出的预测往往是非科学的预测。

（4）预测对象

预测对象即未来事件。作为预测概念中的未来事件，人们对其理解有广义和狭义之分。广义的理解认为未来事件是尚未发生的事件以及已发生但未发现的事件；狭义的理解认为未来事件是目前尚未发生的事件，即随机事件。例如电视机的零售价格可能降低、也可能不降，所以电视机的零售价格是个随机事件。对财务预测的研究就是从狭义的概念进行的，财务预测对象是财务活动中目前尚未发生的事件，如资金的需要量、成本的发生额、销售的数量、利润的发生额等。人们所要预测的不是事物的历史和现状，而是它的未来，尽管事物的未来离不开它的历史和现状，但由于事物的历史和现状已为人们所知，所以用不着人们预测。

（5）预测结果

预测必须形成预先的推知和判断，即预测结果。预测是通过预测结果体现出来的，没有预测结果的预测并不是预测。预测活动的目的是要利用所获得的预测结果为决策和计划服务。如果没有预测结果，预测就不能成立，更谈不上为决策和计划提供依据。因此，预测就是预测者根据已知对预测对象的未来状态进行分析、估算和推断。现代预测大量地运用观察、归纳、演绎、推理等分析方法，运用数学模型，根据客观的资料、主观的经验和教训，探索客观事物发展变化的趋势，并力求提高预测的可靠性和精确性。无论是宏观的经济管理还是微观的企业管理，无论是社会发展规划还是科学管理等，都必须重视调查研究和获取信息。只有预测者掌握客观规律，科学地预见和周密计划，才能达到成功的目的。

2. 预测与决策、计划的关系

首先，预测是决策的前提。因为预测能为决策提供可靠的科学依据，如果没有科学的预测，就没有科学的决策。预测与决策的关系主要表现在：预测侧重于对事物进行科学的分析，找出事物演变的规律及今后发展的趋势，并提出各种可能的方案，为决策提供科学依据；决策主要在预测提供依据的基础上，发挥领导艺术，抓住时机，从备选方案中选择最佳方案。

其次，预测为计划的编制提供了科学的依据。计划是为了达到预期目标而对未来事项进行安排的过程，计划是预测和决策的产物，同时为决策的实现在时间上做了安排。预测与计划是有区别的，预测主要是科学的分析，所提供的是参考依据，它是预计在一定条件下会发生什么样的变化，如销售需求量、现金流动量或成本发生情况。而计划则是侧重领导艺术，所提供的是执行方案，如企业预测到销售会下降，那么，决策者就要提出一系列的行动计划，以防止销售下降。因此，预测为计划的编制提供了科学的依据。

最后，预测为决策提供科学依据，发生在决策之前；而计划为决策提供执行方案，发生在决策之后。从预测的内容看，它具有独立性；但从预测在管理工作中的层次看，它必须服从于计划、决策等更高管理活动的要求。因此，预测必须按计划、决策的要求进行，预测人员只有与计划、决策者密切联系、良好配合，才能使预测具有实用价值。

（二）预测实践

1. 古代的预测实践

预测作为一种实践活动，其历史源远流长。一千多年前的埃及、希腊和中国，都有过哲人的天才预言或预见。例如，三国时期，我国军事家诸葛亮之所以能用兵如神、百战百胜，是因为他善于在作战前，对敌我力量的对比、作战双方的士气、心理变化的趋向，以及天时、地利、人和等各因素进行预测，然后排兵布阵，制订作战方案。堪称世界奇闻的"草船借箭"，就是诸葛亮对气象变化、心理趋向做了可靠的推测后取得的伟大战绩。我国《史记》中讲的"时用则知物"记载的就是人们根据年岁的丰歉和水旱等自然条件的变化，预测粮食供求变化的长期趋势，以做到丰年价落及时购存、歉岁价涨及时发售，从而赚取差价。可见，人们在一千多年前，就已经在日常生活乃至政治、经济活动中，自觉或不自觉地进行各式各样的预测活动了。

但是，在此时期人们并没有把这种探索未来的活动作为一个专门的学科、作为专门的研究对象，其主要原因有两方面：一方面，这一时期的社会和科学的发展一直处于相对缓慢的状态，科学技术从发现到应用、推广的间隔时间很长，如蒸汽机为80年，飞机为20年；另一方面，受科学技术水平发展的限制，人们没有有效的预测方法和手段。

2. 现代的预测实践

社会发展到20世纪30年代，尤其是第二次世界大战后，资本主义商品经济得到了进一步发展，企业规模进一步扩大，大型垄断企业的活动日益向国际化发展，出现了许多规模庞大的跨国公司。与此同时，随着科学技术和生产力的高速发展，新技术、新工艺不断涌现，市场竞争越来越激烈，人们日益感到预测未来的重要性。企业为了在竞争中立于不败之地，需要了解市场发展趋势，对市场需求做出预测，以便做出正确的经营决策。1970年，美国企业波音、麦道和洛克希德·马丁支配着全球民用飞机市场。为了抵消美国的优势地位，一些欧洲国家开始补贴欧洲的空中客车集团，以使其提高制造飞机的质量及生产率。1990年，空中客车集团预测：从1990至2008年全球将需要11 500架飞机，价值6 000亿美元。当时仅次于波音的空中客车集团预计它的市场份额会有显著增长，并根据预测进行了战略调整。1990年，全球约85%的民航飞机仍由美国制造，但空中客车集团当年获得了全世界1/3的新订单。

预测在现代得以发展，其原因在于以下两方面。一方面，科学技术、生产和社会的发展需要预测。科学技术的高速发展给经济带来高增长的同时，又往往造成环境的破坏和污染，给人类的生存带来了不利的因素和威胁，这迫使人们对危害的后果做出判断。还有许多问题，如人口的增长、能源及原材料的大量消耗，都使人们感到预测未来的必要性。客观的需要，促使人们勇于进行各种预测实践，从而推动着预测的发展。另一方面，科学技术的发展为预测提供了比较可靠而又有效的科学预测方法和手段。经济学、计量经济学、计算机科学等相关学科的发展为预测提供了方法论的基础和预测手段。经济计量学的奠基人安东尼·奥古斯丁·库尔诺在其1838年发表的《财富理论数学原理的研究》中，第一次分析了市场需求与价格间的函数关系。19世纪末以来，瓦尔拉斯与马歇尔等人已经应用数学方法表述了他们的边际效用理论和供求理论，用生产、价格和需求等变量论述个别商品供给和需求的均衡关系。而真正从数理经济学、数理统计方法和统计材料的基础上发展起来的经济计量学，最早出现于第一次世界大战前夕。20世纪30年代出现的凯恩斯经济学，进一步发展了经济计量学。凯恩斯把经济变量缩减为少数几个总量，如货币数量、消费、投资、收入、利息率等，因而便于把它们联结为少数几个函数关系，也便于利用现有统计资料。凯恩斯还提出了一些力学和数学概念，如均衡、变量、函数、导数、弹性、最大值、最小值等，以此来分析经济现象中的数量关系。因此，凯恩斯经济学为经济现象的数学计量提供了理论工具。凯恩斯以后的很多经济计量学家，如美国的哈伯格、荷兰的丁伯根等，都对预测进行了研究，为预测提供了科学的方法。1939年，丁伯根在其所著的《美国商业循环，1919—1932》中首次提出综合经济计量模型，为进行国民收入、生产、消费、投资、就业、物价利率等预测提供了基础。总之，预测者的经验积累和科学技术特别是计算机技术的发展，为预测研究和应用提供了更为科学的分析方法和有效的预测手段，预测得到了迅速的发展。目前，预测已经深入社会、经济、军事、科学、技术、政治等各个领域，预测的应用越来越广泛，预测的重要性越来越明显，预测已经成为一个国家发展科学技术和经济所必须研究的领域，成为一个国家确定战略、制定政策、进行决策、编制计划的重要依据。

古代的预测活动发展至今，其变化概括地说有三个方面的表现：一是预测方法由简单地依靠直观分析和经验来预测的定性预测方法发展到多种可供选择的定性及定量预测方法；二是以计算机为主的信息技术的发展使预测的应用领域更为广泛，复杂的预测模型的使用使预测的结果更加科学有效；三是预测已经发展成为一门综合性的学科。

（三）预测机构

从世界各国的情况看，预测的组织机构有专业预测机构、政府部门的专职预测机构以及公司和科研机关的预测机构。

1. 专业预测机构

专业预测机构是以预测研究为主要工作内容的机构，主要从事以下四项活动：①对本机构业务进行预测；②承担专门委托的预测任务；③研究和开发预测方法；④写出定期和不定期的预测报告。

20世纪70年代初的统计表明，世界各国已有上千家专业预测机构，如美国的兰德公司、斯坦福国际咨询研究所，日本的野村综合研究所、三菱综合研究所，西德的工业设备公司、世界未来学会等，都是成效显著、颇负盛名的预测机构。

世界未来学会于1966年在美国成立，总部设在华盛顿。截至1995年，共拥有分散在80个国家中的16 000名会员和70多个团体会员。总会以下按学科分别设立学科小组，设置生物、医药、城市、通信、教育、能源与资源储备、粮食与人口、政府、人的价值、国际事务、新技术、运输、工作与职业等小组。该会成员极为复杂，包括政、商、学各界人物，如行政管理人员、企业家、城市规划工作者、教育工作者、工程师、政府官员、市场研究工作者、政治科学工作者、研究工作领导人员、社会科学家等。

兰德公司是美国最有名的智囊机构，也是国际上公认的从事未来研究的最先进的场所。它是一个独立的非营利机构，于1948年由原兰德计划改建，所址设在加利福尼亚州的圣莫尼卡，由福特基金会负责经费。它集中了美国许多著名的专家、学者、理论家和多面手。美国著名的未来学家H.康思、W.布朗等都曾是兰德公司的高级研究员。兰德公司及其子公司，从事大量的未来研究，并且发展了许多预测技术方法，如设计解决未来问题的新的对策，利用系统分析或总体分析的技术为军事目的、文化和社会服务。此外，兰德公司还充分利用德尔菲法技术进行分阶段的长期预测。荷兰未来学家波拉克说，兰德公司所做的预测是"令人感兴趣"的。

2. 政府部门的专职预测机构

由于预测工作已成为政府不可缺少的业务活动，各国政府都设立了专职的预测机构。美国是运用未来学最早的国家之一。1956—1960年，美国已把技术预测与长远规划的制定并列起来，作为企业管理的一个重要组成部分进行研究与普及。美国的政府顾问委员会、管理预算局、商务部等都设立了专职预测机构，每年开展各种经济预测项目，并公布全国主要经济活动的预测数据。

法国是西方市场预测比较有成效的国家之一，虽没有很多专门机构从事经济、技术、市场的预测工作，但与经济有关的政府各部门都设有预测机构。一些私人大企业亦有专人负责预测工作。这些机构的研究和预测范围很广，包括经济增长、人口、就业、物价、住房、收入、家庭消费、社会保险，以及国际环境和国际经济关系等问题。这对国家经济计划、经济政策和企业经营方针的制定有着重要的作用。

在我国，随着改革的不断深入，预测越来越受到人们的重视。1987年国家信息中心正式成立，下设经济预测部等机构。经济预测部的主要职能是进行国民经济发展重大和热点问题研究、国民经济运行趋势监测预测分析、重点产业发展及市场供求趋势预测分析、资本市场和货币市场预测分析、世界经济形势跟踪分析、经济模型研制开发与应用。与国家信息中心的发展同步，国内各省（区市）、地（市）和具备条件的县（市）也都建立了经济信息中心。由国家信息中心和1500余家地方信息中心构成的国家经济信息系统是国内建设最早、规模最大的现代化信息系统之一，成为辅助各级政府部门决策、促进业界发展、推动信息化的重要力量。

3. 公司和科研机关的预测机构

国外的大中型公司，除了广泛利用专业机构提供的预测报告，还依靠自己的力量进行预测，将外部的预测信息和自己的预测信息结合起来，可以使预测结果更为可靠和具体。美国很多公司认为："公司的成功，取决于对市场需求的了解。"20世纪60年代中期，研究人员调查了欧美62家大型工业公司，其中54家有固定的预测机构（占87%）开展定期预测，其余8家进行非定期预测。公司的预测业务主要可分为市场预测和技术预测。一般有两种组织形式：一种是直接隶属公司高层领导，另一种是隶属于公司计划经营和技术研究部门。欧美大公司的调查结果表明，在公司一级设立技术预测分部，由3、4人专职从事技术预测，是完成和协调各部门技术预测工作的好形式，它有助于计划和预测一体化。上述调查的62家公司中，有45%的公司采用这种形式。

目前，在我国一些大中型企业中设立了预测机构，主要形式是在计划科或经营科设立市场调查或预测小组、在技术科设立技术预测小组等。

预测机构是企业完成和顺利开展预测业务的组织保证。预测机构应按现代组织设计的原理设置，其基本要求是任务明确、权责分明、形式精简、权力和地位与工作要求相适应。预测机构设置的另一问题是挑选称职的预测研究人员，培养和锻炼预测人员的素质。据国外统计，利用预测方法的工商企业所获得的经济收益大大高于其预测所需的开支；相反，那些缺乏必要预测的工商企业由于生产或经营的盲目性，其造成的经济损失常常是巨大的。

（四）预测学

客观的需要促使人们进行各种预测实践并不断进行预测研究，从而使预测逐渐发展为一门独立的综合性学科。第二次世界大战以后，世界经济与科学技术以前所未有的速度迅猛发展，企业内外部环境变得极为复杂。客观环境迫切要求人们了解未来，特别是在西方资本主义社会，由于个别企业想投资而社会变幻莫测，对于经济危机、能源危机等都要应对，这就为预测科学的发展提供了外部环境和动力。进入20世纪60年代，许多预测学者把计量经济学、现代管理科学、应用数学、计算机技术以及系统工程学、信息论、控制论、未来学等学科的思想、理论以及技术方法引进预测领域，建立和完善了一系列预测方法，使预测学逐步成为一门独立的综合学科。关于预测学的定义有许多解释，荷兰的著名未来学家波拉克在他所著的《预测学》中给"预测学"下了这样的定义：一门正在形成的、研究未来和创造未来的科学。该书于1971年出版。任何一门学科都有自己特定的研究对象，而作为学科特定研究对象的事物，总有它的活动规律，学科的使命就在于研究并揭示事物的活动规律。预测学是一门以预测的规律和方法为研究对象的学科，它的使命就是研究并揭示现代预测活动的规律。现代预测活动主要指预测人类社会（包括经济的、科学的、技术的、军事的和其他领域的）发展变化的活动。现代预测的目的在于通过预测这些领域的未来发展变化，为人类进行决策和实现各种奋斗目标服务。

我国在20世纪70年代末80年代初开始从西方引进、介绍有关预测学的知识，目前越来越多的高等院校的管理类专业开设了预测学这门课程，但总的来说，我国有关预测学的研究工作开展得不够普遍、水平也比较低。

二、预测的原理及其应用领域

（一）预测的原理

任何事物的发展趋势都有一定的规律可循。在一定条件下，人们可以认识和掌握这些规律。预测的任务是寻求研究对象发展变化的规律，这些规律实质上就是预测的原理，形成了预测的理论依据。

1. 可知性原理

可知性原理也称为规律性原理，它属于认识论方面的理论研究范围。辩证唯物主义认为，世界是物质的，事物的发展尽管千姿百态，但还是各有其自身固有的规律，这些规律可以被人们认识和掌握。这就意味着，任何预测对象的未来发展趋势和状况都是可知的。人们只要掌握了事物发展变化的规律，就可以预测事物的未来发展趋势和状况。

由此可见，可知性原理是人们自觉主动地从事预测活动的重要理论之一。一切预测活动都奠基于可知性原理。

2. 可能性原理

任何事物的发生、发展都受其内因与外因的影响。内因是事物发展变化的根据，外因是事物发展变化的条件。内因对事物的发展变化起决定性的作用，外因则在不同程度上对其施加影响。这种影响可能使事物内部矛盾发生变化，也可能不发生变化。如果事物内部矛盾发生了变化，就有可能引起质变，从而改变其运动方向。作为预测对象的任何事物，其未来的发展趋势及状况，也必然受内外因的共同作用，因此其发展趋势和状况具有多种可能性。

3. 惯性原理

客观事物的发展变化过程常常表现出它的延续性，即"惯性现象"。客观事物运动的惯性大小，通常取决于本身的动力和外界因素制约的程度。例如，一项新技术的应用前景，固然其技术性能是一个重要方面，但企业的需求、其他技术的替代作用，也对其起到激发或限制的作用。

研究对象的惯性越大，说明延续性越强，越不易受外界因素的干扰而改变本身的运动倾向。例如，属于生产资料的产品，一般对其品种、质量、产量的需求比较稳定，影响生产资料市场的主要因素（国家投资、用户需求等）变动比较缓慢，因而表现出来的惯性较大；属于消费资料的产品，由于购买者的爱好、兴趣的差异较大且容易改变，对规格、品种等的要求变动较大，所以表现出来的惯性较小，尤其是流行商品的市场需求变化纷繁，则惯性更小。惯性原理，由研究对象的过去和现在状态向未来延续，从而预测其未来状态，因而它是趋势外推预测法的理论依据。

4. 类推原理

许多特性相近的客观事物，它们的变化有相似之处。类推预测的应用前提是寻找类似事物。通过分析类似事物相互联系的规律，根据已知的某事物的变化特征，推断具有近似特性的预测对象的未来状态，这就是所谓的类推预测。

类推预测可分为定性类推和定量类推。在缺乏数据资料的情况下，类似事物的相互联系只能做定性处理，这种预测就称为定性类推预测，如由金属成型工艺类推预测塑料成型工艺的发展、由鸟的翅膀的几何形状类推预测飞机机翼的变化等。定量类推需要一定的数据资料（即先导事物），根据先导事物的数据变动情况，建立先导事件与预测对象的数量联系，进行预测。例如，根据甲国达到一定国民生产总值时的能源消耗量，研究乙国的经济结构与经济水平，建立数学模型，进而类推预测乙国达到同一国民生产总值时的能源消耗量；又如，根据军用飞机的最大飞行速度，预测民航客机的最大飞行速度等。

5. 相关原理

任何事物的变化都不是孤立的，而是在与其他事物的相互影响下发展变化的。事物之间的相互影响常常表现为因果关系。例如，耐用消费品的销售量与人均收入水平密切相关，与社会人口结构也有关。深入分析研究对象与相关事物的依存关系和影响程度，是揭示其变化特征和规律的有效途径，并可用于预测其未来状态。

从时间关系来看，相关事物的联系分同步相关和不同步相关两类。先导事件与预测事件的关系表现为不同步相关。例如，基本建设投资额与经济发展速度有关。又如，在资本主义国家，利息率的提高将会明显地导致新住宅建筑的衰落。因而，根据先导事件的信息，可以有效地估计不同步相关的预测事件的状态。同步相关的典型事例，如冷饮食品的销售量与气候变化有关、服装的销售与季节的变化有关等，先导事件与预测事件之间的相互影响即时可见。相关原理有助于指导预测者深入研究预测对象与相关事物的关系，有助于预测者对预测对象所处的环境进行全面分析。相关原理是因果型预测方法的理论基础。

6. 可控性原理

可控性原理指人们在掌握预测对象规律的前提下可以发挥自己的主观能动性和创造性，使事物朝着符合人们期望的方向发展。事物的发展变化是在内外因的共同作用下产生的，有着自身的发展规律，如果人们对事物的未来发展变化只是听之任之，无法对事物的发展变化施加任何的影响，那么，所进行的预测活动就没有任何意义。

预测的原理是人们经过长期研究和实践总结出来的。在实际预测工作中，人们以上述原理指导预测分析，并加以综合应用；在上述原理的基础上，人们创造了种类繁多的预测方法，并在各个领域加以运用。掌握预测的原理，可以建立正确的思维程序，这对于预测人员拓展思路、合理地选择和灵活运用预测方法都是十分必要的。然而，世界上没有一成不变的事物，预测对象的发展不可能是过去状态的简单延续，预测的事件也不会是已知的类似事件的机械再现。因此，在预测过程中，人们还应对客观情况进行具体细致的分析，以求提高预测结果的准确程度。

（二）预测的应用领域

预测对象所涉及的领域是相当广泛的。近代特别是现代，预测的领域就更加普遍、广泛了。现代科学技术迅速发展，生产进一步社会化、现代化，生产、流通、分配、消费，以致整个社会的组织建设和经营管理，不仅需要定性分析，还需要定量分析；人们的社会交往、物质和文化生活，也日益需要科学运筹和周密安排；再加上新情况、新问题层出不穷，客观形势千变万化，人们面临着越来越复杂的组织安排、经营管理、计划设计和决策等问题。因此，预测的应用得到了空前的发展。在西方许多国家，不仅有政府的、学术团体的预测机构，还有相当数量的私人预测公司，经营各方面的预测业务。预测对象所涉及的领域大致可分为以下四个方面。

1. 社会方面

预测在社会方面主要指对社会发展问题的预测，包括社会的发展模式、社会制度、人口构成、社会教育、文化生活、社会生态、社会福利和公益事业等方面的发展与变化，这些都是社会预测的内容。

2. 经济方面

预测在经济方面指对经济事物发展变化的预测，包括宏观经济和微观经济方面的预测。前者主要研究国民经济的总形势、发展趋势和发展速度，研究国民生产总值、国民收入、工农业主要产品产量的增长，预测研究固定资产投资、交通运输和邮电以及其他公用事业的发展变化；后者主要研究工、商等经济个体在组织运行时所涉及的有关问题。

3. 科学研究方面

预测在科学研究方面的主要任务是揭示事物发展的客观规律，探求客观真理，包括科学体制及结构的变化、科研的发展方向、科研成果的应用、科学进步对社会和经济的影响等内容。

4. 军事方面

军事方面包括国防建设、作战行动和军事科学研究等多方面的内容。

预测应用的上述四大领域间有着密切的联系，分开说明只是为了叙述方便。前面提到，社会方面与经济方面是密不可分的。事实上，科研方面与技术发展方面也是密不可分的；社会与经济和科研与技术之间也有着多方面的联系；至于军事方面，既有社会经济方面的内容，又有科研技术方面的内容。

第七节　财务预测的概念、特点及作用

一、财务预测的概念

任何一个组织，包括营利组织和非营利组织，都需要进行财务预测。本书探讨的主要是营利组织的财务预测问题，即企业财务预测。预测是根据已知事件推知未知事件的一门艺术、一门科学，它通过采集历史数据并用某种数学模型推测未来，它也可以是对未来的主观或直觉的预期。人们对预测概念中的未来事件的理解有广义和狭义之分，本书是基于狭义的概念来探讨财务预测问题的。财务预测指运用科学的理论和方法，依据过去和现在的有关资料，对企业未来各项财务活动的发展变动趋势及其结果进行的预先推测和判断。

财务预测的主体应当是财会人员、有关业务人员（如销售人员）等，其中主要是财会人员。因为财务预测具有最大的综合性，预测的最终结果实际上是对企业未来的生产经营活动的一种综合的预先反映，即财务预测报表，而财务预测报表的编制由财会人员负责。

财务预测是企业财务管理的重要环节，财务管理的环节包括财务预测、财务计划、财务控制、财务分析、财务检查。而企业的财务活动包括融资、投资、资金分配以及日常的资产管理等。融资活动的管理，包括选择融资渠道与方式和确定权益资金与债务资金的比例。投资活动的管理主要是确定企业的投资方向、规模和期限，对投资项目经济效益进行分析和评价，对投资风险进行控制等。在此过程中，离不开对投资项目未来的现金流量情况进行估计，以便对项目的可行性进行评价。日常的资产管理涉及原材料的采购计划、生产计划、销售计划以及债权债务的结算等，这意味着必须对未来的销售状况、销售价格以及成本水平等进行推测，在此基础上才能进行上述工作。因此，财务预测的具体内容就是资金、成本、销售、价格等。此外，企业的资金、成本、销售、价格的变化又是有规律的，即具有可预测性。其规律具体表现为以下两点。第一，连续性。连续性指时间上的连续性。过去和现在的状况往往会持续到未来，如某产品的价格或某种产品的销售量。正是基于对这种规律的认识，人们才有可能利用趋势预测法来预测未来的销售量或销售价格。第二，相关性。财务管理的具体内容之间存在着相互依存的密切关系，如产量与成本、销售价格、销售量、销售收入的相互影响等，因果预测模型就是利用这一原理建立起来的。总之，只要人们认识了财务管理具体内容的运动规律，进行财务预测是完全可以的。

二、财务预测的特点

从预测的应用领域来看，财务预测属于经济预测；从预测的范围来看，财务预测属于微观预测。预测是对未来事件的推测和判断。这种推测与判断是人们借助于对过去的探讨和现状的研究进行的。因此,进行财务预测,必须对财务管理的具体内容的发展历史与现状、影响财务管理的具体内容的内部要素、外部环境及其相互联系进行系统的分析和研究,以探索其发展变化的规律,推测和判断它的未来。财务预测具有以下特点。

（一）近似性

所谓近似性指财务预测只能对未来的财务活动勾画出一个轮廓,指明其发展的基本趋势,而且往往带有许多假设条件,计算出的数值大多是近似值。但需要说明的是,财务预测的近似性与正确性并不矛盾,从最终目的而言,只要财务预测的结果是有用的,那就应当认为是正确的。财务预测的近似性源于以下原因。第一,预测的精确性受很多因素的影响,近似性是与未来因素的不确定性相联系的。第二,经营活动的复杂性决定了财务预测在微观预测中是最为复杂的预测。首先,企业经营过程受到各种社会因素和自然因素的影响和制约,不仅包括企业内部因素,还包括企业外部因素（国内和国外因素）,其中的许多因素是难以用数量描述的;其次,企业经营过程是高度动态化的过程,影响其发展的各种因素都处在变化之中,各种因素的作用程度也经常发生变化。第三,人们不可能非常详尽、完整地获得研究对象发展全过程的全部数据资料,以及在各个发展阶段的各种宏观和微观影响因素,这也会导致人们对研究对象发展规律的认识产生误差。第四,在预测的过程中,所使用的方法是否合适、所建立的数学模型是否贴切地反映了研究对象的实际发展过程等,都必然会影响人们对研究对象发展规律认识的正确性。第五,就预测而言,预测时间越长,对那些影响研究对象未来发展的因素的认识就越困难,预测误差就越大。因此,财务预测具有近似性。

（二）超前性

财务预测是对未来的财务活动的发展趋势的事先反映,因而能够突破财务活动的现实规定和历史界限,合乎逻辑地推测其未来,描述现实中尚不存在的财务活动状况。这样,由财务活动所获得的知识便成为一种独立能力,走在实践前面,了解经济活动。财务预测的这种超前性,对于克服财务管理中的盲目性以及提高效益具有重大的意义。

（三）灵活性

财务预测的具体内容广泛,方法和预测目标都有较大的灵活性。预测什么,如何预测,以及达到什么目的,可以根据实际需要和条件确定。财务预测的这一特点取决于:第一,财务预测主要为决策、计划服务,一般不涉及利润分配;第二,财务预测的规范程度不大,有较大的选择余地。

（四）科学性

财务预测是建立在现代科学基础上的科学预测,而不是凭经验和直觉的预测。这是因为企业的经营活动受到企业内外的经济、科技、社会以及自然等因素的影响,各种因素之间的相互作用极为复杂,要从中找出内在的、本质的联系,在偶然中发现其必然性,对未来做出预测,就必须把预测建立在科学的基础上。

（五）技术性

财务预测将会越来越多地使用现代技术手段。财务预测所应用的数学模型、数据之多、处理计算工作量之大都是难以想象的。随着计算机技术的日新月异、各种应用软件的开发，预测得以广泛应用。

正确认识财务预测的特点，可以避免人们产生不正确的看法，从而妨碍预测的研究应用。不加分析地怀疑和否定预测结果，将使计划和决策没有足够的依据；绝对相信预测结果，又会使实际工作缺乏弹性和灵活性；过分苛求预测结果的精确度，则是不够客观和现实的要求。事实上，只要预测有较充足的依据，达到一定的精确度，就可用于指导实际工作。

三、财务预测的作用

经济管理，需要预测。现代企业要进行有效的管理无疑需要了解过去、评价现在，也必须对其未来的发展状况和结果做出一定的推断。财务活动是企业经济活动的核心，财务预测是企业预测活动的重要内容，财务预测正是为满足企业管理需要而产生和发展的。

预测作为一门学科是从方法论上探讨规律的，财务预测作为预测学科的重要应用领域，是运用一定的科学方法，根据过去有关数据资料及现状，针对一定的目标，对企业未来各项财务活动发展变动的趋势及其结果进行的科学推断和测算。财务预测是财务管理的重要环节，但不是最终目的，它仅仅是一种手段，服务于企业财务活动的各个方面。财务预测的目的在于为企业进行正确决策和编制预算提供依据，它也是企业计划的基础。

因此，财务预测对企业制定财务活动的目标，进行财务决策，制订财务计划，采取适当的策略和措施，调节和指导人们的行动，合理有效地安排经济资源具有重要作用。

（一）财务预测为企业做出财务决策提供客观依据

财务决策是对企业将要进行的各项财务活动方案和要实现的目标进行的选择和决定。取舍都要有一个科学的根据，不能盲目决定，这个科学的根据就是预测提供的资料。预测为决策者提供各种可能的选择方案，以及每一种选择的可能后果。例如，企业要确定计划期的资金需要量，就必须对企业所需要的各种经济资源做出预测；企业要制定成本目标或利润目标，就必须对企业可能达到的成本水平和利润水平做出预测；等等。

（二）财务预测是编制企业计划的基础

1. 企业计划

企业计划是企业为了达到预期目标而对未来事项进行安排的过程。企业计划一般划分为长期计划和短期计划。长期计划指1年以上，通常为3~5年的战略计划。长期计划要求管理者尽力粗略预测企业在未来将做什么，以及企业要实现的最高目标。战略计划大多数情况下用文字而不用数字来表达一些概念和想法，所使用的数字往往趋于简单和近似，即战略计划包括预测的财务报告书，但它们是近似和理想化的，通常没有太多的细节支持。

短期计划通常指年度经营计划或以一个营业周期为基础而拟订的经营计划。企业经营计划是对未来年度经营活动的筹划，它是在企业战略计划的指导下，根据企业已确定的经营宗旨、经营范围、年度经营目标，以及企业对经营环境和对策的估量，在总结估计企业生产和销售的具体作业计划方案的基础上编制而成的。一份典型的年度经营计划由文字和数字说明组成，它说明了企业在未来年度需进行的工作，其包含的内容因公司的不同而存在差异。财务计划是企业经营计划的重要组成部分。

2. 预算

预算是许多组织——营利的、非营利的服务业或制造业拟订计划的一个主要方面。在许多组织中，预算是未来计划的唯一正式表达形式。预算是企业经营活动的数量说明，它确定了企业在预算期内为实现企业目标所需要的资源和应进行的活动。通过预算，高层管理者可以将计划和目标传达给整个组织，同时每个部门由此知道需要做什么工作来履行责任。预算可以提供一个参照的框架，可以指导经营活动，提供管理、控制活动的标准。在经营期末，企业预算还可以作为业绩评价的标准。

3. 财务计划

财务计划包含了财务预测，但财务预测是为财务计划和决策服务的，它是计划编制的必要依据。财务计划的各项指标要切合实际，不能太紧，也不能太松。因此，在确定计划指标的水平时，首先要进行预测，即要测算各项指标可能达到的水平。无论是资金计划、成本计划还是销售计划和利润计划的编制，都是以各项因素不同程度的预测为前提的。从一定意义上看，财务预测的精度与广度直接制约着财务计划的准确程度，只有对财务活动的未来发展趋势和预期做出相对准确的估计，才能保证财务计划切实可行，符合资金运动的规律。

（三）财务预测是企业实施财务控制的前提条件

在财务决策目标的实施和计划执行过程中，同样需要对各项措施、各项指标计划执行情况进行预测，只有及时预测计划执行情况，企业才能掌握资金运动趋势和财务收支状况，并据此进行日常的财务控制。在年度预算的执行过程中，如果实际发生较大的变化，或者说年度预算不适合当前情况时，企业需要根据实际对预算进行调整。因为大多数的企业，一般都把年度预算作为业绩考核的目标，即作为控制的标准，如高新企业，环境变化非常快，一份年度计划可能在一年中的后半年就发生了变化，预算也要及时更新，这都需要事先进行财务预测。只有这样企业才能做到统筹兼顾、适当安排，使日常财务控制处于主动地位。

（四）财务预测为企业合理利用各项经济资源提供保障

企业的经济资源表现为企业的各项资产，它是企业进行生产经营活动的物质基础。合理有效地使用各种资源，发挥其最大的利用效果是企业管理的基本内容。企业在计划期的各种资源的需要量及其利用效果，在一定程度上受企业外部环境的影响，但更大程度上受内部环境的影响，因此企业要想提高各项资产的利用效果，必须事先估测各项资产利用效果可能达到的水平，然后提出各种可行的措施。

（五）财务预测是企业提高经济效益的重要手段

经济效益就是劳动成果与劳动耗费比较的结果。企业以最少的耗费取得最大的收益，不断提高经济效益，这是企业生存和发展的必要条件。企业通过市场调查和科学的财务预测，确定产品的产销品种和数量，不断提高劳动生产率，降低生产经营消耗与物资占用数量，加速资金周转，就能不断提高经济效益。

第八节　财务预测的原则及步骤

一、财务预测的原则

（一）限定因素原则

所谓限定因素，指决定事物发展的关键因素，即事物的主要矛盾。坚持限定性原则是指进行财务预测时，应首先集中精力于主要项目，而不必拘泥于面面俱到，以节约时间和费用。例如，在进行流动资金需要量预测时，仅需要预测几种主要原材料未来库存占用情况，因为这几种主要的原材料占用的资金往往占全部资金的80%以上；而对其他的材料，则仅需要做大概的估计即可。

（二）客观性原则

财务预测必须建立在客观事实的基础上，才能得出正确的结论。这就要求企业在进行财务预测工作时，应时刻以客观情况、真实的数据为依据，杜绝主观臆断。

（三）科学性原则

财务预测要讲究科学，一是要做到预测步骤的科学性，二是要做到预测方法的科学性。财务活动过程中客观规律的存在，使人们对财务活动进行科学预测成为可能。人们可以对财务活动发展的未来进行预测，是因为财务活动的发展是有规律的。从表面上看，财务活动是由许许多多的人凭其主观意志进行的活动，其发展带有极大的偶然性。

科学的认识论证明，各种偶然性中存在着必然性，财务活动中的偶然性（随机性或不确定性）是必然性的表现和补充，它本身也是服从于内部隐藏着的规律的。这种客观规律的存在及其可被认识性，使得人们可以通过实践去发现财务活动的发展变化的趋势，从已知推测未知，从过去和现在推断未来。企业应该根据不同的预测对象和预测目标，科学、灵活地选择预测方法，以保证预测结果的质量。

（四）经济性原则

经济性原则指财务预测要讲究经济性，尽量以最低的预测费用达到较为满意的预测质量，这是因为财务预测涉及成本和收益问题。对于长期预测而言，由于不确定性较高，进行详细的预测会花费巨大的成本，所以预测的精确度可适当降低；对于短期预测，本着效益性原则，预测的精确度可以适当提高。

二、财务预测的步骤

弄清财务预测的步骤，对于做好预测工作、提高预测质量具有重要的意义。

（一）确定预测对象和预测目标

进行财务预测首先要明确预测的对象和目标。确定预测的对象就是从管理的需要出发，紧密联系实际需要与可能，确定对什么进行预测。确定预测的目标就是明确预测所要达到的目的，即预测要解决的问题。由于预测的对象和目标不同，收集的资料、选择的方法和预测工作的进程也不同。只有首先确定预测的对象及其目标，才能确定所使用资料的范围，才能安排具体的工作进程，才能使预测工作有目的地进行。

预测对象应是财务活动中的重要经济变量且必须是随机变量。预测人员要根据决策的需要来选择预测对象，并且根据预测对象的性质和特征确定预测目标。这是因为预测工作是为决策提供依据的，是决策的前提。因此，预测对象的选择和预测目标的分析都取决于决策要求。例如，某企业要制定下一年度的销售决策，企业决策层首先需要获得有关下一年度企业可能的销售预测资料。企业的销售预测主要取决于市场的需求量和本企业的市场占有率两方面因素。为此，预测人员针对这一决策需要，确定以企业所经营商品在本地区的需求量和市场占有率两项指标为预测对象，根据这一决策要求和预测对象本身的特点，将具体预测目标定为：在一定的可信度水平下，以定量形式给出下一年度本地区市场的需求量和企业市场占有率的预测值。当有些预测对象比较明确，但有时会因问题的复杂性而不易直接进行预测时，应把预测目标进一步分解为若干个子目标，因为识别影响某一子目标的主要因素要比笼统地分析整个问题的影响因素容易得多。例如，在"小轿车发展前景预测"中，对此项预测问题直接进行预测是有一定难度的，这时可把问题进行一定的分解，把我国小轿车市场划分为家庭私人需求和社会集团需求两大部分。

（二）分析选择影响预测对象的因素

所有的预测都以一个假设为前提，即预测对象都受到其他因素的影响，因此预测对象确定之后，在准备建立模型之前，预测者需要寻找使预测对象增加和减少的各种影响因素，并且根据统计数据的可供利用情况，确定预测对象的主要影响因素。例如，一个企业家可能认为其企业的销售受到整个经济状况的影响，或者他相信其产品仅仅随时间而变化，即时间本身的推移影响着销售。但选择影响因素时要注意以下几点：第一，选择的影响因素与预测对象之间应有因果或确定性关系，如维修成本的主要因素应是机器的运转时间，汽车的油耗成本的主要影响因素应该是汽车的行程公里数。第二，一元回归模型的解释变量应该是预测对象的最主要影响因素。一般而言，预测对象同时受许多因素的影响，但各因素对预测对象的影响程度是不同的，其中必有一个是主要因素或最综合的因素。必须选出对预测对象影响最大或最综合且有统计数据可供利用的因素作为解释变量，如汽车的油耗成本一般受汽车的行程公里数、车型、驾驶技术等因素的影响，但最主要的是汽车的行程公里数。所以，如果采用一元回归模型进行预测，应选择汽车的行程公里数作为解释变量。第三，多元回归模型的解释变量应是对预测目标有主要影响且有统计数据的影响因素。

（三）收集、审核和整理预测信息资料

准确的调查统计资料和经济信息是财务预测的基础。企业进行财务预测需要掌握大量的数据资料，尤其是定量预测，无论是模型的识别还是建模、检验，均离不开数据资料，事关预测的精确度和预测的成败，必须认真对待。预测目标和影响预测目标的因素初步筛选之后，就要搜集与预测对象及影响因素有关的各种历史资料，以及影响经济未来发展的现实资料，即要从多方面收集资料。

资料按来源可分为内部资料和外部资料。内部资料，对于企业来说，是反映该单位历年经济活动情况的统计资料、市场调查资料和分析研究资料。外部资料，对于企业来说，是从本单位外部收集到的统计资料和经济信息，包括政府统计部门公开发表和未公开发表的统计资料、兄弟单位之间定期交换的经济活动资料、报纸杂志上发表的资料、科学研究人员的调查研究报告以及国外有关的经济信息等。为了使预测更有效或提高预测的精确度，信息资料应满足以下要求。

①直接有关性，即预测人员感兴趣的仅仅是对预测对象有影响的那部分资料，很多资料即使符合其他的标准，但与预测对象无关，那也是无价值的。

②准确性，即数据资料必须准确可靠，虚假的数据资料将导致预测精确度降低。资料不但要新，而且资料的传递处理要高效。某些资料的时效性很强，收集或处理不及时，就会失掉使用价值。多数资料的时效性很长，注意收集和积累，可以多次反复使用。

③可比性。资料的可比性指资料在时间间隔、内容范围、计算方法、计量单位和计算价格上应保持前后一致，如有不同，应进行调整，使其前后一致。由于经济改革、物价涨落、企业归属等原因，历史数据不可比，直接使用不可比的数据会造成很大的预测误差，因此必须对不可比的数据进行口径的调整或进行单位的换算，使不可比数据具有可比性。

④系统性，即数据资料要连续、系统，要有历史各期的统计资料。连续而系统的信息资料是分析、比较、掌握事物演变规律，进行模型识别、建立以及检验的基础。收集到的资料往往口径不一致而不可比，有的数据可能是不反映预测对象变化规律的异常值等，为了保证预测的有效性及提高预测的精确度，要对资料进行必要的审核和整理。资料的审核主要是审核来源是否准确和齐备、资料是否可比。

资料的整理主要包括对不准确的资料进行查证核实或者将不可比的资料调整为可比的资料、对短缺的资料进行估计推算、对总体的资料进行必要的分类组合等。为了系统完备地为财务预测提供资料，预测者应建立资料档案，系统地积累资料，以便连续地研究经济的发展过程和市场动向。只有根据财务预测目标和计划，从多方面搜集必要的资料，经过

审核、整理和分析，了解经济发展的历史和现状，认识其发展变化的规律性，才能使经济预测准确可靠，才能提高预测的质量。

（四）选择预测方法，建立预测模型

在占有资料的基础上，进一步选择适当的预测方法、建立预测模型，这是预测准确与否的关键步骤。预测方法一般可以分为两类：定性分析法和定量分析法，定量分析法又可以分为时间序列分析法、因果分析法和其他的财务预测方法。不同的预测方法、不同的预测模型有其适应性，不同的预测对象对预测方法的要求不同，即使是同一预测目标，也并非使用同一种预测方法，因此，选择预测方法并无统一的标准，预测者只能根据预测目的、信息资料、预测的费用、时间等具体情况，进行综合分析，权衡利弊，做出最佳选择。一般来说，选择预测方法时应考虑以下几点。

①根据适用范围选择预测方法。每种预测方法都有一定的适用范围，必须按适用范围来正确选择预测方法。一般而言，定量预测法适宜短期和中期预测；定性预测法，如德尔菲法适宜长期预测；指数平滑法适宜不具有趋势、季节性变动的短期预测；一元线性回归预测法适宜因变量与某一自变量之间存在线性关系的中期预测。

②根据数据资料选择预测方法。数据资料对预测方法的选择起关键的作用，"巧妇难为无米之炊"，所有的预测方法都需要一定的资料，预测精确度的高低也取决于资料的质量，预测者只能选择与资料相适应的预测法。当掌握资料不够完备、准确程度较低时，可采用定性预测法。如对新产品的价格进行预测时，由于缺少历史统计资料以及市场上无参照价格，一般采用定性预测法。当占有的资料比较齐全、准确程度较高时，可采用定量预测法。如对企业产品的销售量、产品的成本等可采用定量预测法，运用一定的数学模型进行定量分析研究。考虑到不定量因素的影响，在定量预测基础上要进行定性分析，经过调整才能定案。

③根据预测要求选择预测方法。在进行定量预测时，对时间序列预测法或因果预测法的选择，除了根据掌握资料的情况而定，还要根据分析要求而定。当只掌握与预测对象有关的某种经济统计指标的时间序列资料，并只要求进行简单的动态分析时，可采用时间序列预测法。当拥有与预测对象有关的、多种相互联系的经济统计指标资料，并要求进行较复杂的依存关系分析时，可采用因果预测法。

（五）检验与修正预测分析结果

利用所搜集的数据，采用所选择的预测方法，计算出理论模型中参数的具体数值。但是建立的理论模型往往以一定的假设为前提，因此，财务预测理论与实务预测结果与将发生的实际情况存在一定的误差，所以对利用理论模型计算的数值还要进行一定的检验和修正，这样才能使预测结果具有可行性。

这一步是对初步预测结果的可靠性和准确性进行验证，估计预测误差的大小。预测误差愈大，预测准确度就愈小，而误差过大，就失去了预测应有的作用。此时，应分析原因，修改预测模型。同时，进行统计检验，看预测对象的影响因素是否有了显著变化，看过去

和现在的发展趋势和结构是否能延续到未来，如果判断是否定的，就应对预测模型做必要的修改。在分析评价的基础上，修正初步预测值，得到最终的预测结果。预测能解决一些问题，但再好的预测也存在着不确定情况，因而预测值与实际值总会有一定的误差。

（六）编制财务预测报告

选择预测方法、预测模型进行预测后，预测者还应编制财务预测报告（应包括预测研究的主要过程），列出预测目标、预测对象及有关因素的分析结论、主要资料和数据、预测方法的选择和模型建立等内容，预测报告要递交有关部门，作为其编制计划、进行决策的依据。

第九节　财务预测的种类及内容

一、财务预测的种类

财务预测属于经济预测，财务预测的种类参照经济预测分类方法进行划分。

（一）宏观财务预测和微观财务预测

按预测的范围不同，财务预测可分为宏观财务预测和微观财务预测。宏观财务预测是在国民经济范围内或一个地区、行业范围内对财务活动各项内容的预测。微观财务预测是在企业范围内对财务活动各项内容的预测。

（二）长期财务预测、中期财务预测和短期财务预测

按预测时间长短不同，财务预测可划分为长期财务预测、中期财务预测和短期财务预测。长期财务预测时间在5年以上，其预测难度大、精确度低，主要为长期计划和长期决策提供依据。1年以上、5年以下的财务预测称为中期财务预测，一般来讲，企业中有关可行性研究、新产品的开发、固定资产更新等财务预测属于中期预测。短期财务预测的时间一般在1年以内，企业财务预测多为短期预测，如销售预测、价格预测、流动资金需要量预测。

（三）资金需要量预测、成本预测、销售预测、利润预测

按内容不同，财务预测主要分为资金需要量预测、成本预测、销售预测、利润预测。资金需要量预测就是以预测期企业的生产经营规模的发展和资金利用效果的提高等为主要依据，运用一定的数学方法，对预测期的资金需要量及其利用效果进行预计和测算。成本预测是预测者在编制成本预算之前，根据企业的经营总目标和预测期可能发生的各个影响因素，采用定量和定性的分析方法，确定预测期的目标成本、预计成本水平和变动趋势的管理活动。销售预测主要是对预测期企业的销售量或销售额所做的预计和测算，销售预测

是决定企业经营决策的最重要依据，做好销售预测，才能做好其他的预测。利润预测就是根据企业经营目标的要求，通过对影响利润的有关因素进行分析，对未来一定时期企业可能达到的利润水平和变化趋势所进行的科学预计和推测。

（四）定量预测和定性预测

按预测性质，财务预测可划分为定量预测和定性预测。定量预测主要是根据过去的历史资料（包括会计、统计、业务核算等资料），运用一定的数学方法进行科学的加工处理，并建立数学模型，充分揭示有关变量之间的规律性，如算术平均法、移动平均法、直线趋势法、指数平滑法等。定性预测是一种直观预测，多采用专家意见结合调查研究的方式进行。这种预测的目的不在于准确地推算具体数字，而在于广泛集合意见，判断事物的未来发展方向，如判断分析法、调查分析法等。

实际工作中，定量预测与定性预测往往相互渗透、相互补充，即定量预测也要在定性分析的基础上进行，这样才能提高预测的科学性、精确性。

二、财务预测的内容

财务预测作为企业财务管理的首要环节，与财务管理的内容相联系。因此，财务预测应包括下面几项内容。

（一）销售预测

销售预测是以调查研究和数理统计的方法为基础，通过对历史销售资料及事物发展因果关系的分析，预测未来一定期间有关产品的销售量和销售状态及其变化趋势。销售预测是企业开展生产经营活动的起点。通过销售预测，决策者可以了解市场需求的基本动态和产品销售的一般规律，据此可确定企业未来一定时期的生产经营活动，做到以销定产、产销平衡，对产品经营做出最佳决策。销售预测是其他各项经营预测的基础。不论成本预测、利润预测还是资金预测，都直接或间接与销售预测的内容和结果相联系。只有认真做好销售预测，才能更好地开展其他各项经营预测。销售预测是正确编制销售预算的依据，决策者可根据销售预测情况改进销售工作，使目标销售量或销售额适应未来市场发展变化的需求。

（二）成本预测

成本预测就是根据成本特征及有关历史成本资料和企业现有的经济、技术条件，结合今后的发展前景，采用科学的预测方法，对未来一定时期有关成本水平及其变动趋势进行预计和测算。成本预测是全面加强企业成本管理的首要环节，是编制成本预算的前提。成本预测使目标成本的确定具有可靠的客观依据，实现了成本工作的重点从事后的计算分析转移到加强成本的事前控制。成本预测是企业正确进行生产经营决策的重要步骤和依据。企业的经营发展受很多因素的影响，产品成本是其中一个重要因素。成本预测能够揭示企业生产经营各个方面与产品成本之间的内在联系，因而企业在选择最佳的决策方案时，它是重要依据。

在进行成本预测时，必须认真调查企业生产技术、经营管理等方面的变化情况，探讨这些变化同成本升降的内在联系，从它们的相互联系中了解和掌握降低成本、提高经济效益的方法，为主动控制成本提供可靠的、有科学根据的资料。成本预测一般应包括总成本水平的预测、单位成本水平的预测、各项期间费用的预测、成本费用消耗效果的预测等内容。

（三）利润预测

利润预测是按照企业生产经营目标的要求，在销售预测、成本预测的基础上，对影响利润增减变动的各项因素做综合分析，测算企业在未来一定期间的利润水平和变动趋势。

利润作为一个综合性经济指标，受企业生产经营活动许多方面的影响，如产品的产销数量、质量、品种、成本等。利润预测是正确编制利润预算的重要依据。通过利润预测，可以观察利润发展趋势、掌握利润变动规律、确定目标利润，使企业的总体奋斗目标具有科学性、可靠性和得以顺利实现的可能性。

企业在一定期间所获利润额的多少，是其经营的有关产品产销数量、销售价格、单位产品变动成本、固定成本总额和产销结构等多种因素相互影响、相互制约的结果。进行目标利润预测，就是要研究各因素之间的关系以及各因素的变动对利润的影响。因此，利润预测要考虑企业生产经营活动许多方面的因素。

利润预测是定量预测分析和定性预测分析的结合体。首先，它利用过去和现在的各方面统计资料和财务信息，建立数学模型，进行定量分析；然后，由决策者根据实践经验，总结出未来可能发生的变化，进行定性分析，做出判断。从影响利润增减的因素来看，利润预测可分为从增产增销预测利润、从产品品种安排上预测利润、从提高产品质量预测利润、从产品成本降低预测利润、从产品价格的调整预测利润等。

（四）资金需要量预测

资金是企业生产经营活动的财力资源。企业计划期资金总需要量取决于资产的需要量，它与企业产品的产量、技术装备水平和管理水平相联系。因此，企业在一定时期资产的总量必须与企业的生产规模相适应。资产占用多，利用效果差，资金需要量增加，会造成资源的浪费；资产不足，则不能满足生产经营活动的需要，会使企业经济活动无法进行。所以，企业必须对资金的需要量及其利用效果进行预测。资金需要量预测一般包括资金需要总量的预测、流动资金需要量预测、固定资产投资预测等。通过资金预测企业能合理确定资金需要量，控制资金投放时间。选择最经济方便的资金来源是资金使用的前提。通过资金预测，企业可综合考核各种筹资渠道和筹资方式，求得筹资方式的最优组合，以便降低资金成本、提高投资效率。

第三章 资本成本

第一节 资本成本会计概念结构

众所周知,财务会计概念结构是一个理论体系。财务会计概念结构"由一系列说明财务会计并为财务会计所应用的基本概念所组成",它是"为研究财务会计最实用理论而做出的科学规定"。目前对概念结构的研究"大多数都是从目标开始的,其内容几乎都包括目标、会计信息特征、财务报表的要素及要素的确认、计量,还有一些未出台的有关报表的内容、形式等方面"。很显然,这是一个庞大的理论体系。本节围绕资本成本会计这个主题,结合 N. 安东尼教授有关资本成本会计理论的构想讨论相关的概念结构问题。

一、会计信息系统目标之进一步讨论

发达金融市场、现代公司制度和会计信息系统具有共生互动性,而这种共生互动性是研究资本成本会计的基础。资本成本会计研究要以发达的金融市场为中心,以完善的现代公司制度和会计信息系统为基本点,即所谓的"一个中心,两个基本点"。第一章将会计信息系统的目标定位于"决策有用性目标",并指出在发达金融市场和现代公司制度下,有关资本成本的信息是有助于决策的信息。在这个意义上,本书把以提供有助于决策的信息为目标的会计信息系统作为资本成本会计研究的一个基本点。下面要以会计信息系统目标为基础进一步讨论这个问题。

从历史的角度来看,有关会计信息系统目标的研究在西方国家形成了经管责任学派或受托责任学派和决策有用性目标学派。经管责任学派认为会计信息系统的目标就是向资源的提供者报告资源经管情况,因而它应以客观信息为主;而决策有用性目标学派则认为会计信息系统的根本目标就是向信息使用者提供对他们进行决策有用的信息,它应以相关信息为主。表面上看,这两大学派存在相悖之处。

然而,从历史的角度来看,会计最早的职能就是接受业主委托为其管好所托付的财产。但是,把会计的职能真正提到经管责任或受托责任高度上来,则是资源的所有权与经营权分离之后的事。"在受托责任学派看来,受托责任之所以存在,是因为资源的所有权和经营权的分离。如果资源不实行两权分离,而是两权集于一身,也就不可能产生受托责任的

概念。"进入商品经济时代,资源的所有权与经营权分离的现象相当普遍。受托责任学派的主要倡导者认为:"受托责任的关系可以因宪法、法律、合同、组织规则、风俗习惯甚至口头合约而产生。一个公司对其股东、债权人、雇员、客户、政府或有关的公众承担受托责任。在一个公司内部,一个部门的负责人对分部经理负有受托责任,而部门经理对更高一层的负责人也承担受托责任。就这个意义而言,说今天的社会是构建在一个巨大的受托责任网络之上,丝毫不过分。"由此可见,如果要使受托责任能够顺利地履行,在这个"巨大的受托网络之上"必须存在明确的委托—受托关系,否则,受托责任无法顺利地履行。在当今发达的金融市场环境下,这是不可思议的。因为发达的金融市场"把许多契约关系"连接在现代公司这一"连接点"上。在发达的金融市场环境下,资源(资本)的委托方因金融市场而变得模糊起来。因此,很显然,如果以受托责任学派所提倡的会计信息系统目标来构建资本成本会计概念结构,不仅与当今的金融社会相悖,而且与所设定的资本成本会计研究基础相背离。

具有较大影响的当属美国财务会计准则委员会对会计信息系统目标的研究。该委员会倡导会计信息系统的"决策有用性目标"。经济环境与会计信息系统的共生互动性是本书研究问题的立足点,因此,为了全面体会美国财务会计准则委员会所提出的"决策有用性目标",下面来考察其经济环境。

美国经济是高度发达的商品经济。大部分的产品和劳务不是供生产者消费,而是用来与货币相交换,或与收取货币的权利相交换。

美国的大部分生产活动是在投资者所拥有的企业里进行的,包括许多大型公司,它们在国内或在跨国市场上进行购销并筹措资金。由于投资型业主通常对所得股利和证券市价升值的兴趣大于积极参与指挥公司事务的兴趣,企业的资源通常为董事们和职业经理们所控制,由他们决定这些资源在公司的业务中如何分配。

企业不仅从金融机构和小型的个人集团为其生产和推销活动筹集资本,还通过发行权益证券和债务证券在社会上公开筹资。这些证券在高度发达的证券市场上广泛地进行买卖。市场上的许多这种买卖交易,都是从一个投资者或信贷者手中转到另外一个投资者或信贷者手中,其交换价格一点也不流入发行企业。但是,这些交易定下了特定证券的市场价格,从而影响企业吸引投资资金的能力,影响它筹集资本的成本。拥有资金寻找投资出路的人们,一般要对备选的各种投资机会,分别估量其预期的成本、所得和风险,并加以比较。他们企图在预期风险和所得之间加以平衡。一般只在可望取得相应高的所得时,才会向风险大的企业投资;只在期望的风险相应小时,才愿承受较小的所得。除非贷款者和投资者相信企业售出产品的价格足以弥补其成本而有余,并使他们有望取得与风险相当的利息和股利,并可望证券市价的上升与所负的风险相当,否则企业就不大可能在出借或投资资金的市场上通过竞争而取得成功。所以,很发达的证券市场,总是把有限的资源引向能够有效利用它们的企业,而引离不能有限地使用它们的企业。

在美国,生产资源一般归私人所有,而非政府所有。市场是美国经济中分配资源要考虑的重要因素。

由此可见,美国财务会计准则委员会提出的会计信息系统"决策有用性目标"的经济环境是建立在发达金融市场的基础上的。这时，资源的所有权与经营权依然相分离，不同的是这种分离通过发达金融市场进行。也就是说，资源的委托—受托关系通过发达金融市场而建立、履行或解除。这样，作为拥有资源所有权的委托方，视野是相当广阔的。他们关注的不仅仅是某个具体企业的资本保值增值，而是整个金融市场上的平均风险与报酬率水平及其所投资的具体企业可能的风险与报酬率。与此相对应的，如果委托方不满意，他们可以通过所谓的"用脚投票"转移资源（资本）。资源（资本）的流动促进社会资源的合理配置。在这里，会计信息系统的作用就是提供有助于管理者决策的相关信息。这就决定了会计信息系统在提供有助于管理者决策的信息时，不仅要关注"现有的信息使用者"的信息需求，还要关注"潜在的信息使用者"的信息需求。

在经管责任学派或受托责任学派看来，潜在的信息使用者尚不是信息需求者，因为他们还不是资源的委托方。

"决策有用性目标"与"经管责任"并不矛盾，可以把"经管责任"看成"决策有用性目标"的一个组成部分，通过上述分析这个结论就更加明显了。如果说在发达金融市场环境下还存在"经管责任"意义上的所谓明确的委托—受托关系的话，那么，有关受托责任方面信息的提供，无非就是为委托方评价受托责任履行情况并做出是否继续维持原来的委托—受托关系等方面的决策提供信息。就这一点来说，"经管责任"本身就是一种"决策有用性目标"。美国财务会计准则委员会在这方面的倾向性是很明显的。美国财务会计准则委员会在协调各学派见解方面可谓"用心良苦"。当然，"实证会计学派关于会计信息与代理人学说、契约成本等学说之间关系的检验，也进一步证实：即便在高度发达的资本市场环境下，会计信息与受托责任之间，仍然存在着较大的一致性"。

客观地说，无论是受托学派或经管学派，还是决策有用性目标学派，都是与具体的经济环境相联系的。如果离开它们赖以存在的经济环境评价其优劣是欠科学的。根据前面的分析可知，面对现实和未来，将决策有用性目标作为会计信息系统的目标较为科学。

很显然，如果说资本成本会计概念结构研究从目标开始的话，那么，毫无疑问应该以决策有用性目标构建资本成本会计概念结构。

二、资本成本会计确认和计量之理论分析

如前所述，会计实质上是一个信息系统，它是"为了使信息使用者能够做出有根据的判断和决策而确认、计量和传递经济信息的程序"。这里涉及两个理论问题：第一，会计信息系统提供什么样的信息；第二，与此相关的会计确认和计量问题。

（一）会计信息质量特征

强调会计信息对"决策的有用性"，正是现代会计的一个重要的特点。会计是"为经济决策提供信息的特殊系统"。提供什么样的信息才算是对决策有用的信息呢？会计信息的特征回答了这个问题。

关于会计信息特征的研究在西方财务会计文献中早已存在。例如，美国会计学会早在

1966年就开始研究会计信息的特征，它认为会计信息系统所提供的信息必须符合相关性、可验证性、公正不偏性和可定量性四项准则。

1. 相关性准则

会计所提供的信息要符合相关性准则，就必须与它所要促进的活动或预期结果相关联，或者与它们有效地联结起来。相关性准则在四项准则中是最基本的。信息的有用性必须以相关性为基础。因为不相关的信息不仅会对决策产生错误的影响，还会妨碍信息使用者努力收集具有相关性的信息。但是，相关性因目的不同，其相关程度亦不相同。会计信息系统在许多情况下，应提供虽然与其他用途几乎没有相关性，但对某一特定用途具有高度相关的信息。充分了解信息使用者的信息需求是提供和传递相关信息的重要条件。

2. 可验证性准则

可验证性准则要求两个或两个以上的专业人员查核相同的数据，应该得出基本相同的结果。该准则并非总是要求得出同样的结果，它允许在有限的范围内存在差异。该准则之所以重要，是因为信息使用者不可能都接触到有关的数据，而他们之间又有可能存在相互冲突的经济利益关系。因此，会计所提供的信息必须具有可验证性，必须使各种具有不同经济利益关系的信息使用者都确信有关的信息是值得信赖的。当然，供内部使用的信息，其可验证性的程度可能没有必要像需要向对外报告的信息那么高。就内部使用的信息而言，主观估计特别是预测也许是有用的，因为尽管其可验证性相当低，但它们的相关性程度很高。

3. 公正不偏性准则

会计信息可能具有高度的相关性和可验证性，但仍可能因偏差而对某些集团有利，却损害另一集团的利益。之所以提倡公正不偏性准则，是因为会计信息系统为许多信息使用者提供服务，而且具有多种用途。公正不偏性准则要求会计信息的提供和传递不得渗入个人偏见，以避免因偏袒而对一些信息使用者有利，却损害其他信息使用者的利益。但是，倘若带有偏见的信息有利于某一集团而又不损害另一集团的利益的话，这类信息即便存在偏见，还是可以提出的。

4. 可定量性准则

可定量性准则指会计主要提供定量化信息。定性信息固然也很重要，但是会计通过数字反映定量化的资料，而且主要是以货币形式表现经济活动。当然，这种形式的表现既不是会计的全部内容，也不是定量的全部内容。因为随着现代管理科学与技术的发展，非货币化信息在会计信息系统中的地位将日益重要。

上述这些准则为评价潜在的会计信息提供了标准，它们乃是决定将数据纳入会计信息或从会计信息中剔除出去的基础。如果某种信息从整体上讲不能十分适合上述准则，那么，它就不能作为会计信息。

（二）会计确认和计量的基本标准

会计信息质量特征具体地指导会计确认和计量，会计确认和计量是保证会计信息质量特征的必要手段。可以说，会计确认和计量是会计信息质量特征的具体化。在会计信息系统中，会计确认和计量是两个既有密切联系又有明显区别的概念。当然，在会计信息系统中，它们的作用总是互相交叉又彼此渗透的。

1. 会计确认的基本标准

某项经济业务的数据，是否应输入会计信息系统？如果输入，应在何时以何金额输入，又要记入何要素？在何时加以报告？对于这些问题的回答，就构成了会计确认的内容。确认是把某个事项作为资产、负债、收入和费用等要素正式地加以记录并列入财务报表的过程。确认包括以文字和数字来描述一个项目，其数额包括在财务报表的合计数之内，对于资产或负债，确认不仅包括记录该项目的取得或发生，还要记录其随后的变化。从广义上说，确认需要解决以下几个相互联系的问题。

①某项经济业务或事项的数据，是否应该输入会计信息系统进行加工，并以财务报表的形式输出信息？

②如果某项经济业务或事项的数据应该输入会计信息系统，那么，它应该作为何要素来记录并在财务报表上予以揭示？

③上述的记录和报告应该在何时进行？

④上述的记录和报告的金额应该是多少？

由此可见，确认是会计信息系统的第一个阶段，它在会计信息系统中占有十分重要的地位。确认是会计计量的前提，只有确认某项业务或事项可以也应该进入会计信息系统加以记录和报告，才能根据其性质和特点选择相应的会计计量程序和方法。确认的过程则直接涉及记录和报告两个程序，需要回答"应否""作为何要素""何时"和"何数"的问题。由于记录是报告的先决条件，与记录相关的确认程序称为"初始确认"，它所要解决的是会计信息系统的信息输入问题；而与报告相关的确认程序称为"再确认"，它所要解决的是会计信息系统的信息输出问题。

符合要素的定义是将某项业务或事项在会计信息系统中加以确认的必要条件，但不是充分条件。通常，某项业务或事项只有同时符合以下四项标准才能予以确认。

①可定义性，应予确认的项目必须符合某个财务报表要素的定义。

②可计量性，应予确认的项目应具有相关并充分可靠的可计量属性。

③相关性，项目的有关信息应能在使用者的决策中导致差别。

④可靠性，信息应如实反映和不偏不倚。

由于财务报表是实现会计信息质量特征的重要手段，对决策最有用的信息应列入财务报表，并且都要经过确认。如果信息不需要进入财务报表，则一般不需要经过确认。

2. 会计计量的基本标准

作为一个经济信息系统，会计所提供的主要是以货币进行量化的信息，这正是会计信息系统区别于其他经济信息系统的本质特征。在这一意义上，"以货币为计量单位并假定币值稳定或基本稳定"才被提到"会计基本假设"的位置上来。会计计量贯穿于会计核算系统的全过程。前述的会计确认的一项重要的标准就是可计量性。也就是说，应予确认的项目必须具有能够可靠地加以计量的属性，而会计信息系统在记录和报告过程中，所记录、加工和传递的信息显然都是量化的信息，可见，会计计量在会计信息系统中的地位十分重要。因此，20世纪30年代以来，会计界逐渐流行这样一种观点，"会计就是一个计量过程"。甚至有的会计学者认为："会计计量是会计系统的核心职能。"从表现形式上看，会计计量主要包括资产计价和收益确定；从性质上说，会计计量涉及计量单位和计量属性两个方面的问题。

一般认为，会计计量应该坚持三个基本的标准。

①同质性。计量实际上是一种再现经济业务的过程。会计计量必须通过这种再现来反映客体，并在再现体和客体之间保持同质性。会计计量必须与所计量客体的属性相一致。

②可证实性。会计信息系统面临许多不确定性。为了使计量结果有效，会计计量应该具有可证实性。这表现为，如果给定的条件相同，不同的会计人员对同一客体进行计量应得出相同的结果。

③一致性。由于会计信息系统存在不确定性，某一事项可能同时存在若干种不同的计量方法。这些不同的计量方法可能都有一定的理论依据，但是它们的计量结果不同。为了保证会计信息在不同期间的可比性，选择的会计计量方法必须保持一致。

事实上，会计确认和会计计量难以分开。会计确认是会计计量的前提，而会计计量则是把已经确认的事项加以量化的过程。因此，从广义上说，会计确认包括会计计量。

值得注意的是，会计信息质量特征以及为此而进行的会计确认和计量标准基本上是针对财务报表影响范围之内而言的，而将财务报表之外的信息传递过程排除在外。事实上，在金融市场全面介入现代经济活动的金融社会，许多经济业务无法在现有的财务报表体系中得到反映，这使得财务报表所提供的会计信息相关性大大降低。根据当前会计理论的发展动态推测，为了适应金融社会带来的变化，未来的财务会计信息质量特征以及为此进行的会计确认和计量标准可能会发生相应的变革，即把会计信息质量特征以及会计确认和计量标准拓展到财务会计报表之外。此外，上述讨论仅局限于对外提供信息的财务会计子系统。

（三）资本成本确认和计量之理论分析

如前所述，资本成本包括权益资本成本和债务资本成本两部分。权益资本成本包括优先股权益资本成本、普通股权益资本成本和主体权益（留存收益）资本成本。现行的财务会计子系统已经确认和计量了债务资本成本，这就说明债务资本成本符合上述会计确认和计量标准。同时，现行财务会计子系统对权益资本成本中的显现成本——公司实际支付的优先股股利和普通股股利也进行了确认和计量。不同的是，它们不作为成本或费用确认和计量，而是作为净收益分配处理。在高新技术条件和以作业成本计算和作业管理为基础的新管理体系中，显现成本作为成本或费用处理与作为净收益分配处理并没有什么重大的区别。这也说明权益资本成本中的显现成本早已纳入现行财务会计子系统。这里需要分析的只是权益资本成本中的隐含资本成本。

1. 现行财务会计实务已经确认和计量了假计成本

隐含资本成本是一种假计成本。通常，人们认为会计不记录假计成本，其实这是一种模棱两可的观点，因为在会计上究竟什么叫"假计成本"还没有一个确切的定义。通常，它表示没有交易凭证为据，因而在某种意义上说是不真实的成本。根据定义，假计成本是经常用于表示产品成本中存在的随意性或主观性因素超出了通常的程度的一个术语。然而，这个定义无法全面概括会计实务的全部。会计师虽然称他们不记录成本中的"随意性或主观性"的成分，但是在实务中他们有意无意地记录了某些类似的成分。现行财务会计子系统也记录了某些没有单证为据的交易的成本。在某些情况下，租入的房屋建筑物或机器设备以其等价的购买成本入账，尽管这种成本并不存在。再者，即使票据已经在其票面上声明该票据是不带息票据，但是会计实务上还是记录了利息成本。因为在存在货币时间价值的情况下，现销价格一般低于赊销价格，两者之间的差异就是货币时间价值，这其中就含有利息的因素。对于不带息票据，尽管会计实务上按其面值入账，但是由于这个面值实际上包含了赊销应该负担的利息，因此，实际上也就记录了一部分利息成本。还有，众所周知，直接人工成本包括对未来赡养金现值的估计。尽管这种估计被冠以"精算"之美名，但是无论是精算师还是其他有关人员都不知道其正确的数额应该是多少。此外，备抵坏账准备、担保协议的未来成本、产品保证估计费用和按市场价值调减的存货成本等都是一种估计，都是没有单证为据的交易。总之，现行财务会计实务不能支持财务会计仅仅处理交易性的成本这种观念。

当然，严格地说，假计成本与非现金支出成本并不是一回事。在某个特定的年度，折旧费用是一种非现金支出成本（即转账摊销成本）。虽然应计提折旧的资产本身通常是以其现金支出来计量的，但是将这一数额以折旧费用的形式分配到某个特定年度却是一种估计。这种估计的正确性难以证实，本身也不是一种交易行为，这正是大约七十年前人们反对会计记录折旧行为的依据。进一步说，如果涉及捐赠资产，折旧甚至与现金交易丝毫没有关系。今天，人们已经达成共识：大致正确比完全错误更好，对折旧费用进行估计比因为其数额不能准确计量而忽视它更好。因此，在现行财务会计实务中，应广泛地记录折旧费用。

当然，如果把折旧作为分析权益资本成本的参照物，并指出折旧同样是一种估计时，人们也许会说折旧的估计与权益资本成本的估计性质不同。在估计折旧时，人们至少知道固定资产的原始成本，问题只是如何在使用期限内将其原始成本分配到各个年度。而权益资本成本的计量却没有一个基点，有人认为这种观点不完全正确。在计量权益资本成本时，同样存在一个已知的数额，这个数额就是已经记录在账户上的权益资本总额。与折旧不同的是计量权益资本成本不是将这个数额在若干年内分配，而是估计一个反映年度使用权益资本的成本比率。通过前面的讨论，从理论上说，计量权益资本成本未必比计量每年应分配的折旧额困难。甚至计量每年应分配的折旧额可能比计量权益资本成本更容易出错，因为计量每年应分配的折旧额涉及下列主观因素：①究竟采用何种方法计算每年的折旧额；②如何估计固定资产的使用年限；③如何认定资本性支出与收益性支出。这些因素的主观性比计量权益资本成本所涉及因素的主观性大。尽管计量权益资本成本也涉及一些主观因素，但是它们毕竟在一定程度上还可以通过发达的金融市场来验证。

总的来说，除非假计成本被定义为财务会计已经明确不能记录的成本，否则那种认为财务会计不能记录假计成本的观念就是不正确的。为了使财务报表更有意义，财务会计应该确认任何可以以某种合理方式计量或估计的成本项目。显然，权益资本成本中的隐含资本成本满足这些要求。

2. 资本成本信息的质量特征

上文以类比的方式论证了财务会计子系统必须确认和计量权益资本成本中的隐含资本成本，下文以财务会计信息质量特征为基础进一步讨论这个问题。

如前所述，财务会计信息子系统所提供的信息必须符合相关性、可验证性、公正不偏性和可定量性四项准则。就相关性准则而言，确认和计量资本成本中的隐含资本成本能提高会计信息的决策有用性、增强会计信息的相关性。就可验证性准则而言，可验证性准则在这里实际上指根据相同的数据和方法，两个或两个以上的不同专业人员进行权益资本成本估算，应该得到基本相同的结果。这犹如自然科学的实验，在条件、仪器设备及材料都相同的条件下，不同的实验者应该得到基本相同的实验结果。资本成本计量方法要达到这一点并不难。比如说，应用资本资产定价模式计量 A 公司的留存收益资本成本，其变量无非是无风险报酬率、某种股票的贝塔系数和所有股票都包括在内的市场投资组合的必要报酬率。不同的专业人员应用资本资产定价模式计量 A 公司的留存收益资本成本，在高度发达、完善的金融市场条件下，其所取得的有关变量数值大致相同，计算结果当然也基本相同。就公正不偏性准则而言，既然有了可验证性，公正不偏性就是不言而喻的。如前所述，公正不偏性准则要求会计信息的提供和传递不得渗入个人偏见，以避免因偏袒而对一些信息使用者有利，却损害其他信息使用者的利益。既然权益资本成本计量具有可验证性，那么，不同经济利益关系集团和个人，都可以通过对权益资本成本计量结果进行验证，以维护其自身的经济利益不受侵害。就可定量性准则而言，权益资本成本的计量过程本身就是可定量性准则的最好例证。可见，从信息质量特征的角度来说，财务会计子系统确认和计量权益资本成本不仅不会削弱会计信息的质量，还会进一步提高会计信息的质量。

综上所述，在会计信息系统中确认和计量资本成本并没有什么"越轨"之处。

如前所述，目前有关文献所指的会计信息质量特征以及为此而进行的会计确认和计量标准基本上是针对财务报表影响范围之内而言的，而将财务报表之外的信息传递过程排除在外。据此，退一步说，即使权益资本成本的确认和计量不符合现行的财务会计准则，也不妨碍资本成本会计的研究。因为资本成本会计信息还可以作为表外信息而不需要经过确认。这不仅不会降低资本成本信息的决策有用性，相反，就未来的金融社会环境而言，财务会计子系统会显得被动。况且，财务会计准则委员会对会计确认和计量的一些改革动向已初露端倪。今后，随着形势的发展，财务会计准则可能放松对不确定性因素和非交易性事项的确认和计量要求。

至此，本书分析问题的着眼点始终停留在财务会计子系统上面。当然，会计信息系统的另一个子系统——管理会计信息系统也不容忽略。管理会计信息系统也是相当重要的，它以合理的方法计量了所有的成本——不管是隐含成本还是显现成本。使用资本必须负担成本，这些成本必须加以计量的思想早已为管理会计所接受并广泛应用。从公司内部管理的目的来说，不管现行的财务会计是否将所有的资本成本作为成本项目处理，管理阶层都需要对公司的资本成本，包括权益资本成本和债务资本成本，进行计量和考核。

三、资本成本会计要素研究

会计要素是会计对象的具体化,它把会计对象用会计特有的语言加以表达。美国财务会计准则委员会形象地将会计要素比喻为"积木",因此,会计要素也是财务报表的组成项目。会计恒等式描述了各个会计要素的数量关系,如前所述,按照 N. 安东尼教授所提出的资本成本会计理论构想,由于在财务会计实务中确认和计量权益资本成本,所以构造资产负债表基本结构的会计恒等式应该修改为"资产=负债+股东权益+主体权益"。

(一)单独设置"主体权益"要素

从目前世界各国的情况看,会计要素一般包括资产、负债、所有者(业主)权益、收入、费用和净收益(我国称为利润)。1980 年 12 月,美国财务会计准则委员会公布的第 3 号财务会计概念公告将财务会计的基本要素从原来的资产、负债、所有者(业主)权益、收入、费用和净收益六个扩展成资产、负债、业主权益、业主投资、派给业主款、全面收益、收入、费用、利得和损失十个,并对之进行了定义。会计要素及其设置的数量多少,主要应该取决于会计信息系统的目标。虽然会计要素本身就是一种信息,而且是一种重要的信息,但是它毕竟是一种综合性信息。根据 N. 安东尼教授的资本成本会计理论构想,应该单独设置"业主权益"要素来取代原来的"净收益"或"全面收益"要素。如前所述,"主体权益"是资产总额与负债和股东权益之和之间的差额,其主要来源是主体的经营活动。

除此之外,N. 安东尼教授还对其他各个会计要素进行了定义,称之为概念。下面引述其中的资产、负债和股东权益要素的定义。

资产是主体的资本存在形态。资产包括货币性项目、未耗用成本和各项投资。其数额为凝固在各种资本存在形态上的数额。

负债反映由那些不能得到权益回报的外部集团提供的资本数额。

股东权益反映由股东提供的资本数额,它包括股东直接投入的资本以及这些资本的应计利息。

美国财务会计准则委员会第 3 号概念公告对资产、负债和股东权益的定义如下所述。

资产指特定主体因过去的交易或事项而获得或控制的可预期的未来经济利益。

负债是某一特定主体因过去的交易或事项而产生的、在现在承担的将来向其他主体交付资产或提供劳务的责任,这种责任将导致预期的经济利益的未来牺牲。

股东权益或净资产是某个主体的资产减去负债后的剩余权益。

国际会计准则委员会对资产、负债和股东权益也做了类似的定义。

由此可以看到,N. 安东尼教授对上述会计要素的定义有别于美国财务会计准则委员会第 3 号概念公告的定义。N. 安东尼教授之所以撇开人们所熟悉并接受的美国财务会计准则委员会或国际会计准则委员会的定义,对资产、负债和业主权益重新定义,是因为他认为现行的财务会计概念结构无法提供解释会计主体实际发生情况的信息,同时它对"资产"要素的定义不具有实际操作性。美国财务会计准则委员会所公布的概念结构存在许多问题。美国财务会计准则委员会在其公布的第 3 号概念公告里也承认了这一点:"虽然权益与负债的界限在概念上是清楚的,但在实践上可能有问题。特定的情况下,在实务中应用以上各种定义可能会出现问题,因为企业可能发行好几种证券,它们在不同程度上同时具有负债和权益的特征,或者因为证券的名称未能将其重要的特征描述出来。例如,可转换债券既有负债的特征又有剩余权益的特征,在会计处理上就可能出现问题。优先股也常常既有负债的特征又有权益的特征。有些优先股实际上具有到期日和金额,到期时必须用现金偿还。"尤其在当今金融社会,由于创新金融工具的产生,负债与权益的界限正在进一步缩小。在某种意义上,这支持了 N. 安东尼教授的观点。

(二)与"资产""费用"要素相关的成本概念

众所周知,成本并不是财务会计要素。但是,它与"资产"要素以及"费用"要素都有密切的联系。

与"资产"要素和"费用"要素具有联系的"成本"之所以不是会计要素,是因为以下几点。第一,在现代会计科学中,财务会计与管理会计产生同源分流之后,财务会计成为一种对外报告会计。如前所述,会计要素是财务报表的组成项目,财务报表是财务会计对外提供信息的主要载体。目前按照国际会计惯例,有关成本方面的报表并不是对外报表而是内部报表。因此,成本自然被排除在会计要素之外。第二,由于成本与"资产"要素和"费用"要素具有联系,因此,成本可以用"资产"要素或"费用"要素来表达(在我国会计界,成本与费用是两个并行使用的概念)。这样,自然也就没有必要在"资产"要素和"费用"要素之外再"画蛇添足"地加上一个成本要素了。因此,对财务会计来说,成本只有在作为计量属性时,才得到应用,如历史成本、现行成本等。在财务报表的要素中,也都只列费用要素,不提成本。很明显,成本的详细研究,将属于管理会计的范围。

诚然,成本概念对管理会计和财务会计都是一个重要的概念。就管理会计而言,有关成本理论的经典性论著当属美国经济学家约翰·莫里斯·克拉克的《间接费用经济学研究》。该著作所提出的"不同目的,不同成本"的思想,奠定了决策成本概念的理论基础。因此,在管理会计子系统中,可以根据管理决策的需要,采用不同的成本概念。成本概念不是一个单一的概念,而是一个广义的、多维概念体系。在这里,成本概念的时间范围和空间范围都大大拓展了。

在过去相当长的时间里,我国会计上的成本概念,以马克思主义价值构成学说为依据,认为成本是企业为了生产一定的产品而耗费的物化劳动和活劳动的总和。但是,具体如何表述成本的概念,学术界在强调成本的价值构成、肯定成本是耗费与补偿的统一前提方面存在许多差异。争论的焦点就是对物化劳动(C)、活劳动(V)和剩余价值(M)的取舍问题。在我国学术界,成本由物化劳动和活劳动组成的观点一直占主导地位,它源于马克思的成本价格理论。按照资本主义方式生产的每一个商品的价值(W),用公式来表示即 W=C+V+M。如果从这个商品价值中减去剩余价值(M),那么,在商品中剩下的只是一个在生产要素上耗费的资本价值(C+V)的等价物或补偿价值。商品价值的这个部分,即补偿所消耗的生产资料价格和所使用的劳动力价格的部分,只是补偿商品使资本家自身耗费的东西，所以对资本家来说，这就是商品的成本价格。应该说，马克思这里指出的只是产品成本的经济内涵，并不泛指一切成本。因此，这种成本概念只是一种高度的理论抽象。考虑到会计学科的特殊性，这种成本概念在数量上很难确定。因此，有的会计学者将这种成本概念称为"理论成本"。

回顾过去，在西方传统的会计理论中，成本曾经是一个非常重要的概念，美国注册会计师协会的名词委员会发表的第4号"会计名词公报"曾经对成本下过如下的定义，"成本指由于取得或将能取得资产或服务而支付的现金、转让的其他资产、结付的股票或承诺的债务。所有这些不同的支付方式，都可用货币表示其总额"。这些成本又可以分为已耗用成本和未耗用成本两部分。已耗用成本是指那些效用已经发挥（包括已在本期提供了利益或已变成不能提供利益的损失），不能在未来会计期间继续为公司带来收益的支出，这些支出构成费用，与当期收入配比；未耗用成本是指那些可以在未来会计期间为公司带来经济利益的支出，这些支出构成资产的价值。另一个具有代表性的是美国财务会计准则委员会对成本所下的定义："成本是经济活动中发生的牺牲，即为了消费、储蓄、交换、生产等所放弃的。例如，在交换一项资源时所放弃的现金或其他资源的价值（或所发生的债务的现值），就可以用来计量所取得的资源成本。同样地，在生产中因使用一项资源而消耗的未来利益，就是使用这一资源的成本。"

N.安东尼教授认为成本概念是会计学中最含糊的概念之一，在权威的文献上很难找到圆满的定义。因此，他对成本做了如下定义："成本是成本标的所使用各种资源数额的货币计量。成本标的就是需要计量成本的标的物。" N.安东尼教授认为这个定义里面包含三个重要的观点。

第一，成本计量了各种资源的使用。

第二，成本计量以货币形式表现。货币计量提供了一个通用的尺度，它使各种不同计量单位的资源数量得以相加，从而确定使用资源的总额。当然，许多资源是以货币取得的，这时货币数额就是成本。

第三，成本计量总是与目的相联系，也就是与成本标的相联系。如果说成本而没有指明成本标的是传递不了什么信息的。成本标的可以是某个事物，如某个产品或某项资产，也可以是某项服务的一部分，还可以是一个分部，如利润中心或部门或其他组织单位，甚至可以是整个主体的经营活动。当然，就财务会计而言，相关的成本标的主要是各种产品、生产性资产和费用（某个会计期间作为成本标的）。

值得注意的是，不像其他定义（如美国财务会计准则委员会的成本定义），N.安东尼教授上述定义中，没有提到"牺牲"或"努力"。购买某项资产的成本即购置成本涉及"牺牲"，但是其他类型的成本就不一定涉及"牺牲"了。以固定资产折旧为例，折旧是某些成本标的成本组成部分，对这些成本标的而言，它可能不涉及"牺牲"问题。当购置某项资产比如说设备时，公司主体确实做出了"牺牲"，但是随后设备用于生产某种产品或其他成本标的时，该设备的折旧却未必涉及额外的"牺牲"。同样，折旧在通常情况下也不能计量"努力"。

上述几个具有代表性的成本概念都从某个侧面描述了成本的实质，但是各有不足。

马克思对成本的定义抓住了成本的经济内涵，强调成本是一种补偿价值，是耗费与补偿的统一。但是，过于抽象，在会计上难以操作。美国注册会计师协会对成本的定义强调成本与资产、费用的区别与联系，但是它以货币交易或"实际支付"为基础，而不涉及非货币交易，显得过于狭窄。美国财务会计准则委员会把成本定义为"牺牲"。这就产生了这样的问题，如果把成本看成一种"牺牲"，那么，折旧无疑是成本组成部分，它是否是一种"牺牲"？对于"权益资本成本"，尤其是普通股资本成本，又怎么理解呢？对于第一个问题，作者认为折旧依然是一种"牺牲"，只不过它不是当期的"牺牲"，而是过去"牺牲"的摊销而已。对于第二个问题，作者认为如果孤立地从一个公司来看确实无法理解。因为对普通股股东能否或是否支付股利及其支付股利的水平与公司的盈利状况、投资机会密切相关。如果公司盈利状况不佳，不能支付股利，或虽然有盈利，但由于具有许多投资机会，而不能支付股利，这时，公司"牺牲"了什么呢？然而，如果从金融社会的角度，置身于发达的金融市场，拓宽视野，就不难理解这个问题了。公司通过发行股票筹集普通股权益资本，虽然没有明显的资本成本，但是股东为什么将资本交给公司使用呢？为的就是未来的股利和股票增值（后者更为重要）。因此，这里存在一个股东期望报酬率。在发达的金融市场上，股东的这个期望报酬率就是金融市场上存在的平均报酬率。当资本进入公司之后，资本就由公司掌握并应用，如前所述，发达的金融市场为公司的筹资活动和投资活动提供广阔的天地，公司将从外部筹集的资本用于公司内部的营运，就丧失了在发达金融市场进行投资获得平均报酬率的机会（因此，公司经营的报酬率至少要高于金融市场平均报酬率）。这就是公司使用普通股权益资本的机会成本，而这个机会成本就是股东期望的报酬率，应用资本资产定价模式计量普通股资本成本就体现了这一点。因此，对于"权益资本成本"而言，公司"牺牲"的是在发达金融市场上获得平均报酬率的机会成本。其实，美国财务会计准则委员会对成本的定义体现了这一点，"同样地，在生产中因使用一项资源而消耗的未来利益，就是使用这一资源的成本"。这里的"消耗的未来利益"可以理解为丧失在发达金融市场上获得平均报酬率的机会成本。这就把成本与金融市场联系在一起，同时把成本定义为"牺牲"也符合管理会计的决策成本概念。因此，如果基于成本定义的通用性而言，作者倾向于美国财务会计准则委员会对成本下的定义。但是，如果就本课题研究而言或者单独就财务会计而言，作者倾向于 N. 安东尼教授对成本下的定义。因为一切成本都是资源的使用，而资源的使用是成本标的引起的。资本也是一种资源，使用资本当然也计量其成本。因此，成本是成本标的所使用各种资源数额的货币计量。资源的使用形成成本，已耗用的成本转化为费用，作为耗用期间收益的扣除项目，未耗用的成本则转化为资产，资产在未来耗用期间再逐步转化为费用。

综上所述，不管对成本如何定义，有一点是肯定的，那就是已耗用的成本转化为费用，作为耗用期间收益的扣除项目，未耗用的成本则转化为资产，资产在未来耗用期间再分期、逐步地转化为费用。因此，在财务会计中，成本与资产关系相当密切。成本的发生不但说明了资产的存在，而且说明了取得和使用资产的耗费。正是因为这一点，西方会计界对成本的定义只强调耗费或牺牲，而不像马克思那样强调耗费与补偿的统一。耗费自然要得到补偿，否则公司就无法持续经营。但是，财务会计特有的"配比概念"自然而然地将成本补偿问题体现在其中。现代财务会计运用配比概念确定净收益，收入与为了取得收入而发生的费用要反映在同一会计期间进行配比，从而才能得出该会计期间的净收益。如此，成本的耗费与补偿在配比概念下得到统一。同时，"资产又与收益联系起来，而问题在于会计期间，在于配比的具体运用"。

既然如此，成本的定义就不能离开财务会计范畴。从这点出发，应该看到如果把成本看成公司的"牺牲"或使用各种资源的货币计量都不完善。公司为什么要发生成本？公司是为了取得有利的现金流量而发生成本。因此，在对成本进行定义时，应该强调成本发生的目的，即参照美国财务会计准则委员会的成本定义，将成本定义为"公司在经济活动中为了取得有利现金流量而发生的牺牲"。

（三）资产的定义

随着经济学概念在会计学上的引进和吸收，会计界对自身理论进行了反思，由此导致会计学上的某些概念向经济学概念靠拢。在财务会计理论中，"资产"概念是一个不断发展的概念。21世纪50年代之前，会计界倾向于通过"成本"来定义"资产"概念。发展到当代，"资产"的概念逐渐与"成本"分离，强调"资产"的"未来经济利益"这个重要特征，具有代表性的就是本书前面引述的美国财务会计准则委员会对"资产"的定义——资产指特定主体因过去的交易或事项而获得或控制的可预期的未来经济利益。美国财务会计准则委员会认为，虽然某个主体取得资产或耗用资产会引起成本，但是发生的成本本身却不是资产。资产的实质是预期的未来经济利益，而不在于取得它时是否发生了成本。只有与预期的未来经济利益相联系的成本才能视为资产，否则只能作为费用。但是，在运用资产定义时，成本至少在两个方面是重要的，即作为取得某项资产的证据（但不是结论性的证据）以及作为计量某项资产的一个属性。作者认为美国财务会计准则委员会对"资产"的这种定义值得商榷。

第一，财务会计学是一门量化的学科，资产的"预期未来经济利益"如何计量呢？显然，预期的未来经济利益不是单项资产的特性，甚至可以说不完全是实体性或物质性资产的特性。预期未来经济利益是一个整体。任何一个公司要获得预期未来的经济利益，首先必须形成现实生产力，而要形成现实生产力，必须具备一定的人、财、物，并且通过经营管理者把它们有机地结合在一起并进行合理的配置。如果没有将它们有机地结合在一起并进行合理配置，是不可能带来什么"预期未来经济利益"的，因为资产（会计学意义上的资产）本身是不可能带来"预期的未来经济利益"的。由此可见，要创造预期的未来经济利益除了必须拥有一定量的资产，还要拥有高素质的人力资源（包括精明的管理者）。因此，预期未来的经济利益属于公司整体，不能将其归功于单项资产，甚至不能将其归功于实体性或物质性的资产。这样，与其说"预期的未来经济利益"是资产的实质，不如说"预期的未来经济利益"是公司的实质。退一步说，如果会计能对"预期的未来经济利益"进行计量，那么，它计量的将不是资产而是公司整体。在持续经营假设前提下，显然没有这种必要。

第二，"预期的未来经济利益"只是公司持有资产的根本目的或者说良好动机而已，它本身未必就是资产的实质。一个公司，它持有资产的目的或良好动机，当然是获得预期未来的经济利益。如果某项资产不能带来任何预期的未来经济利益，它就不能确认为资产，而要确认为费用或损失。因此，只要是资产就具有"预期的未来经济利益"，把资产定义为"可预期的未来经济利益"有画蛇添足之嫌。

第三，如果把资产定义为"预期的未来经济利益"，那么，现行的资产负债表名不符实。这样的资产定义代表不了资产负债表的全部资产项目。例如，有些项目如递延支出项目并不属于资产项目，它实际上就是一种损失，因为它已经不能带来未来的经济利益。只不过是因为会计学的某些概念（如配比概念、权责发生制概念等）和复式簿记的平衡机制而将它列入资产负债表。

因此，作者认为经济学的资产概念未必适合财务会计学，毕竟财务会计学需要量化而且存在许多假设和原则。

相比较而言，作者觉得前面引述的N.安东尼教授对"资产"的定义较合理，即"资产是主体的资本存在形态。资产包括货币性项目、未耗用成本和各项投资。其数额为凝固在各种资本存在形态上的数额"。原因如下：第一，这个定义以资本存在形态来定义资产，具有较大的包容性。它同样包含着公司持有资产的目的或良好动机——预期的未来经济利益。资本为什么要以各种形态存在，就是为了保持合理的资产结构，获得更多的"预期的未来经济利益"。第二，这个定义可以避免像递延支出这样的项目被列入资产负债表，从而造成资产负债表含义不纯的现象。

这样，按照N.安东尼教授对资产、负债、股东权益和主体权益的定义，资产负债表反映资产负债表日主体的各种资本来源的数额和资本存在的形态。

第二节 资本成本会计研究的基础

N.安东尼教授所提出的有关资本成本会计的理论构想，虽然在当时引起了人们的关注和论争，最后却无法为美国财务会计准则委员会所接纳，这是为什么呢？根据作者的理解，N.安东尼教授提出资本成本会计理论构想的时机不成熟，资本成本会计研究应该以发达的金融市场为中心，以完善的现代公司制度和会计信息系统为基本点，即所谓的"一个中心，两个基本点"。

一、一个中心：发达的金融市场

金融市场指资本融通的场所。广义的金融市场是指一切资本流动的场所，包括实物资本和货币资本的流动。广义金融市场的交易对象包括货币借贷、票据承兑和贴现、有价证券的买卖、黄金和外汇买卖、办理国内外保险、生产资料的产权交易，等等。狭义的金融市场一般指有价证券市场，即证券（包括股票和债券）的发行和买卖市场。

（一）金融市场的构成

一个完善而发达的金融市场应该是由金融市场的主体、客体和参加者三个部分组成的金融体系。

1. 金融市场的主体：金融机构

金融市场的主体指银行及其他非银行的金融机构，它们是金融市场的中介机构，是连接资本需求者和资本供应者的桥梁。资本需求者与资本供应者之间进行资本交易，有时是直接见面洽谈业务，有时则要通过金融机构进行。具体地说，资本需求者与资本供应者之间进行资本交易有如下三种方式。

①不必经由任何中介机构的直接资本交易。在这种资本交易方式下，需要资本的公司直接将其股票或债券卖给资本供应者。

②经由投资银行的间接资本交易。在这种资本交易方式下，投资银行是一种承销公司的新证券并协助公司获得融资的金融机构。在资本交易过程中，它扮演的是中间人的角色。也就是说，公司只是将股票或债券卖给投资银行，再由投资银行将这些证券转售给最终的资本供应者。

③经由金融中介机构的间接资本交易。在这种资本交易方式下，金融中介机构，例如各类银行或共同基金，以其本身所发行的证券来交换资本供应者的资本，然后将资本转投资到各种公司股票或债券上。在这种资本交易方式下，金融中介机构随心所欲地将资本从一种形式转换成另一种形式，创造出新的金融工具，从而使得金融市场更有效率、更为发达。

上述三种资本的转移方式都是通过金融市场完成的。

2. 金融市场的客体：金融工具

金融市场的客体是指在金融市场上交易的对象，如商业票据、政府或公司债券、公司股票、可转让大额存单等各种信用工具。21世纪80年代之后，在多种因素的共同作用下，金融市场上各种创新金融工具如期权、金融期货、互换和远期利率协议等层出不穷。这些创新金融工具的出现，在丰富金融市场内容，进一步活跃金融市场的同时，也给各国的金融管理机构和货币政策的制定者带来了新的、严峻的挑战。

3. 金融市场的参加者：资本需求者和资本供应者

金融市场的参加者是指金融市场客体的需求者和供应者，如各种企业组织形式、非营利单位、政府部门、各种机构和个人等。在这里，现代公司是金融市场的主力军。从某种意义上说，如果没有现代公司的存在和积极参与，金融市场将显得黯然失色。

（二）发达金融市场与现代公司的理财活动

从某种意义上说，公司的理财活动推动了会计信息系统的发展和完善。发达的金融市场，为资本的需求者和资本的供应者提供了自由交易的场所，从而为整个社会资本的流动提供了便利的条件，同时有利于公司将有限的资本引导到最有利的投资场所。因此，金融市场对于整个国民经济的发展具有十分重要的意义。说金融市场是市场中的市场并不过分，因为金融市场的发展可以带动其他市场的发展。从微观的角度来说，金融市场对于现代公司的理财活动也是相当重要的。可以说，没有发达的金融市场就没有现代公司的理财活动。

1. 发达的金融市场是现代公司投资和筹资的场所

如前所述，金融市场是资本融通的场所。在发达的金融市场上有许多种融资的方式，并且相当灵活。当发展需要资本时，公司可以根据最佳资本结构，随时到金融市场上去选择适合本公司的融资方式筹集资本。同样，当资本有了剩余，也可以在金融市场上灵活地选择适当的投资方式，为公司剩余的资本寻找出路。

2. 发达的金融市场增强现代公司的资产流动性

公司持有其他公司的股票或债券是一种长期投资，当资本短缺时，通过发达的金融市场，公司可以随时随地转手变现，转化为短期资金；远期的票据则可以通过贴现变成现金；大额可转让定期存单可以在金融市场上卖出，成为短期资金。与此相反，短期资金也可以通过金融市场转化为股票或债券等长期资产。总之，发达的金融市场为公司的长短期资金互相转化提供了可能，有利于公司保持最佳的资产结构，增强现代公司的资产流动性。

3. 发达的金融市场为现代公司理财活动提供有意义的信息

金融市场是资金融通的场所。在这里，资本的需求者和供应者联系在一起，他们的交易活动决定了资本的"价格"——利率水平，即资本成本。因此，金融市场上的利率水平变动反映了金融市场上资本的供求关系。而证券市场的行情则反映了投资者对公司的生产经营情况、盈利水平和风险等级等方面的综合评价。同时，资本需求者与资本供应者的风险报酬观念在发达金融市场上得到全面体现。如前所述，金融市场是各种市场中的市场，发达的金融市场是整个国家经济发展情况的"晴雨表"，公司通过发达的金融市场所提供的信息，可以了解资本的供求关系，衡量风险与报酬水平，做出正确的投资决策和筹资决策。

二、基本点之一：完善的现代公司制度

（一）企业的组织形式

一般认为，企业的组织形式主要有三种：独资企业、合伙企业和公司。

1. 独资企业

由个人单独拥有的企业称为独资企业。独资企业虽然属于最简单的企业组织形式，但在开业之前还是要办理必要的手续，如领取营业执照。对于小型企业而言，独资企业具有如下两个主要优点。

①创建成本较低。由于独资企业不必准备正式的营运章程，而且相对独立，所以成立独资企业相当容易且成本较低。

②独资企业不是纳税主体。独资企业不必交纳公司所得税，但是不管独资企业的盈余是否全部被业主取出或保留下来作为再投资的资本来源，独资企业的业主都要就其全部盈余支付个人所得税。

然而，独资企业也有缺点。

①独资企业难以筹集到大量的资本。由于个人财力有限，独资企业在筹集资本方面受到较大的限制，这使得独资企业即使遇到了有利可图的投资机会，也会因不能筹集到足额的资本而错失良机。

②独资企业业主负无限责任。当独资企业遭受清算时,如果独资企业的资产不足以偿还其全部负债,则业主必须用个人财产偿还企业所负的债务。

③有限的生命力。独资企业会随着业主的死亡而宣告结束。

2. 合伙企业

由两个或两个以上的人合资经营的企业称为合伙企业。合伙企业的成立具有较大的弹性,既可以通过口头协定成立,又可以通过向政府注册而成立。成立容易而且创建成本较低是合伙企业的主要优点,其缺点与独资企业类似。

①无限的偿债责任。

②有限的生命力。

③所有权的转移有困难。合伙企业建立在合伙人之间相互信任的基础上,因此所有权转移需要其他合伙人同意,这样所有权的转移便有一定的困难。

④合伙企业难以筹集大量的资本。

合伙企业不必交纳所得税,但合伙人必须交纳个人所得税。这点与独资企业没有什么差别,但是对于合伙企业而言,这可能是优点也可能是缺点。

合伙企业的前三个缺点导致第四个缺点的产生。对于一家成长缓慢的企业来说,这些缺点的存在尚不致构成多大的威胁。但如果企业的产品受到消费大众的欢迎,使得企业必须筹措大量的资金从事扩充才能把握住成长机会,那么难以筹措大量的资金这个缺点将演变成真正的问题。鉴于此,一些企业在刚成立时都以独资或合伙形态出现,然后在成长到某一阶段时,再转换成公司形态。

因此,无论是独资企业形式还是合伙企业形式,随着市场的拓宽和需求的日益增大,企业的生产会继续扩大。即使每年业主或合伙人拿出一部分利润用于再投资,以扩大生产规模,企业仍然感到资本紧张。这时,企业会发现自己处于一个困境:企业越是成功,发展得越快,就越感到资本短缺。不管如何,企业扩大规模,总需要更多的资本投入。如果企业建立了良好的信誉,成长非常顺利,可以通过银行贷款获得资金也很好。但是,问题在于如果一切并没有预料的那么顺利,企业出现亏损,这时银行债务的沉重负担也许会使企业从此一蹶不振。因此,一般来说,无论是从银行角度还是从企业角度来看,企业都不会去冒如此大的风险完全依赖债务而生存。在这种情况下,企业自然会想到通过使更多的人分享企业的利润或分担企业的亏损的方式来获得更多的资本。"股本"是一个理想的主意,由此公司这种企业组织形式便产生了。

3. 公司

公司与前面所说的独资企业或合伙企业完全不同,它是由政府主管部门创造的法人组成的,具有所有权与经营权分离的重要特性。正是由于这个特性,公司具有以下三个主要优点。

①公司具有无限的生命力。公司的股份可以转让,公司不会因为所有者或经营者的死亡而宣告结束,除非破产清算,公司具有无限的生命力。

②股份的转让相当方便。公司的注册资本划分为若干等额的股份,谁持有股份谁就是公司的所有者。在发达的金融市场上,股份的转让相当方便。

③公司的所有者即股东只负有限的偿债责任。公司的股东只以其出资额对公司的债务

负责。

正是由于后两点，公司筹集资本的能力很强。但是，要成立一个公司，手续相当麻烦，创建成本也较高。不过，由于公司的股东只负有限责任、筹集资金能力较强和股权容易转让等因素，除了那些规模很小的企业，任何企业若具有公司形态，则其价值就有可能会增加。正因为如此，就数量而言，约有80%的企业属于独资，而属于合伙与公司形态的企业则各占10%。但就销售额来说，约有80%的总销售额来自公司，约有7%的总销售额来自合伙企业，至于独资企业的销售额则占总销售额的13%。可见，在现代经济生活中，现代公司制度占主流地位。

从企业组织形式的变化可以看到：企业组织形式是沿着从独资企业到合伙企业，一直到公司这样一条发展道路发展的。这条道路经历了相当长的时间，这其中也有许多原因和背景，但是有一点是肯定的：公司的产生和发展与企业发展所需要的资本如何被满足、企业通过何种方式筹集资本这个问题密切相关。从某个侧面说，企业组织形式发展的轨迹是一条"资金拉动"型的路径。

由此不难看出，不同企业组织形式对理财活动的重要影响。如果企业的组织形式是独资企业，理财活动就相当简单。独资企业主要通过业主和供应商提供的商业信用筹集资金，独资企业利用借款方式筹集资金的不多。独资企业的利润分配和资本抽回都比较简单，没有什么法律限制。此时，理财活动与簿记活动没有明显的区别。对于合伙企业来说，资本来源增加了，信用能力增强了，利润的分配也就变得相对复杂。公司的理财活动内容最丰富，其资本来源多种多样，筹资方式也是多种多样的。这就需要公司认真分析和选择，以便以最低的资本成本筹集所需要的资本。同时，公司的利润分配也比较复杂，要考虑企业的内外部多种因素。

（二）企业的性质

在现代企业理论中，关于企业的性质，有两种影响较大的观点，表现为对企业的两种不同定义，一种是科斯的定义，另一种是詹森和麦克林的定义。根据科斯的定义，"企业的显著标志是对价格机制的替代"。他把企业和市场视为"两种可相互替代的协调生产的手段"。在企业之外，价格运动调节着生产，对生产的协调是通过一系列市场交易来实现的。在企业内部，这些市场交易不存在了，与这些交易相联系的复杂的市场结构让位于调节生产的企业家——协调者。显然，科斯基本上把企业理解成了一种与市场协调机制具有相同职能因而可以相互替代的行政协调机制。

对于企业的另一种定义是詹森和麦克林于1976年提出的，他们把企业定义为一种组织。这种组织和大多数其他组织一样，是一种法律虚构，其职能是为个人之间的一组契约关系充当连接点。就企业而言，这"一组契约关系"就是劳动所有者、物质投入和资本投入的提供者、产出品的消费者相互之间的契约关系。这里的契约关系既包括通常理解的明确的书面或口头契约，又包括不明确的契约，即所谓"默契"。

企业所包含的内容就必然被分解为若干契约关系，参与这种契约关系的无非是生产要素的提供者和产出品的消费者。如果撇开这些契约关系来看企业的话，企业就只能是一个空洞的名词了。因此，诸如"企业的社会责任""企业的所有者""企业的目标函数"等就都是一些含糊不清、容易使人误解的说法。基于这种认识，詹森和麦克林认为，对企业"之内"的事情和企业"之外"的事情进行区分几乎毫无意义，因为实际上存在的只是个人之间的一组复杂的契约关系。

显然，如果詹森和麦克林的观点正确，那么就意味着对科斯的观点的否定。詹森和麦克林强调的是"契约关系"的确立过程，但是他们忽略了"契约关系"的贯彻过程，而科斯却相反，他强调的是"契约关系"的贯彻过程，而忽略了"契约关系"的确立过程，因而未能充分指明企业内部的协调与外部的市场协调的内在联系。企业不同于市场的根本之处在于它具有生产的功能。就契约关系的确立而言，企业确实是一系列契约的连接点，但是作为一个与市场不同的具有"生产功能"的企业，在契约确立之后面临的问题就是如何贯彻这些契约。这时，企业就成为一个层级组织，一系列契约关系的贯彻过程就是在这样的层级组织中进行的。若要全面地理解企业的性质，应把表面上似乎对立的这两种定义结合起来，"企业既是个人之间一组契约关系的连接点，又是一个层级组织，这两者是不矛盾的"。可见，企业具有双重性质。企业同时具有这两方面的性质正表明了在市场经济环境下，企业与市场的关系：作为层级组织，企业是市场的对立面，它是一种性质不同的协调手段；然而，作为层级组织的企业恰好又是市场本身的产物。除非整个国民经济变成一个"巨型企业"，否则，离开了市场，企业便不能产生。因此，在确定了企业具有双重性质之后，后面的行文将根据需要而强调其中某一重性质。

上述有关企业性质研究的结论有助于人们正确理解权益资本成本确认问题。完善的现代公司制度与发达的金融市场相辅相成，相互影响、相互促进。公司制度的建立，促进了金融市场的发展，而金融市场的发展又为公司融通资金提供了场所，反过来促进现代公司制度的完善，这就是金融市场与现代公司制度的共生互动性。

三、基本点之二：完善的会计信息系统

现代会计是一个包括财务会计和管理会计两个子系统的经济信息系统。会计信息系统是一个人造的经济信息系统。

如果把会计看成一个经济信息系统，就必然要谈会计信息系统的目标问题。因为"根据系统论的原理，任何系统，尤其是人造系统，它的运行，它应发挥的功能，它进行输入、变换和输出的内容、程序与方法等，都要服从于系统的目标"。没有目标的系统，特别是不明确自己目标的人造系统是不可想象的。

西方国家特别是美国早就对会计信息系统的目标进行了研究。相关文献显示，最早对会计目标系统进行研究的当属美国会计学家斯多波斯。他认为在21世纪50年代以前，会计职业界并不信奉会计"决策有用性目标"，学术界也没有哪位学者系统研究"决策有用性目标"，当然也就没有以这个目标为先导而建立的会计概念框架。1953—1954年，他在题为"收益的会计观念"的博士论文中，揭开了全面研究"决策有用性目标"的序幕。他认为要揭示收益的本质，首先必须揭示财务报告的目标。这个目标不是"经管责任"，而是为长期投资者和

短期投资者的决策提供信息。斯多波斯的"决策有用性目标"观点在当时不被人们接受，甚至遭到美国会计学会及有关大学工商管理研究中心教授的反对。1961年，反映斯多波斯上述观点的著作《为投资者服务的会计理论》几经磨难最终由加利福尼亚大学出版。其后，会计信息系统的目标引起会计学界和职业界的广泛重视，许多学者提出了各种不同的目标。但是，有一点是共同的：人们普遍把会计信息与经济决策联系起来。

早期，美国会计学会认为"会计实质上是一个信息系统"，它是"为了使信息使用者能够做出有根据的判断和决策而辨认、计量和传递经济信息的程序"。会计为实现下列各种目的提供有关信息，即做出关于利用有限资源的决策，其中包括确定重要的决策领域和确定目标；有效地管理和控制一个组织内的人力和物力资源；保护资源，并报告其管理情况；有利于履行社会职能和社会控制。

前两个目标与内部管理有关，为企业内部有效利用、管理、控制资源提供信息，属于管理会计的目标；而后两个目标与会计的社会职责有关，属于财务会计的目标。

然而，具有较大影响的当属美国财务会计准则委员会对会计信息系统目标的研究。该委员会在其发布的第1号财务会计概念公告中提出，作为为会计信息系统提供信息的载体——财务报告，它的目标包括如下几个方面。

第一，财务报告应该提供有利于现在的和可能的投资者、债权人和其他使用者做出合理的投资、信贷等决策的信息。这类信息对那些相当了解经营和经济活动并愿意相当勤奋地研究这类信息的人们来说，应该是全面的。

第二，财务报告应该提供有助于现在的和可能的投资者、债权人以及其他使用者评估来自股利、利息、销售、偿付、到期汇券以及贷款等的实得收入和预期现金收入的金额、时间分布和不确定性的信息。

第三，财务报告应该提供关于企业的经济资源、对这些资源的要求权（企业把资源转移给其他主体的责任和业主权益）以及使它们发生变动的交易、事项和情况的信息。

第四，财务报告应该提供关于企业如何获得并花费现金的信息，关于企业的举债和偿还债款的信息，关于资本交易的信息（包括分配给业主的现金股利和其他的企业资源的信息），关于可能影响企业的变现能力或偿债能力的信息。

第五，财务报告应该提供关于企业管理当局应怎样履行其对业主（股东）的"经管责任"的信息。

第六，财务报告应该提供有利于企业经理和董事按照业主利益进行决策的信息。

作者认为美国财务会计准则委员会第1号财务会计概念公告虽然从财务会计的角度阐述了会计信息系统的目标，但是对管理会计也是有意义的。这是因为：第一，管理会计系统本身也是财务会计信息的使用者，管理会计系统所提供的信息不过是对财务会计信息的加工、处理和延伸；第二，上述有关"决策有用性目标"的叙述与"经管责任"或"业绩评价"并不矛盾。实际上，"决策有用性目标"可以包括"经管责任"，因为"经管责任"的主要内容是"业绩评价"，而"业绩评价"的目的在于为管理决策提供依据。因此，可以把"经管责任"看成"决策有用性目标"的一个组成部分。美国财务会计准则委员会第1号财务会计概念公告在这方面的倾向性是很明显的。虽然它坚持"决策有用性目标"，但是仍然将提供有关"经管责任"方面的信息纳入财务报告的目标。

由于管理会计正处于不断发展之中，要像财务会计那样，比较明确地概括出其目标，恐怕为时过早。但是，有一点是肯定的：管理会计的基本目标是为管理决策如计划、组织、控制和经营等提供相关的信息。综合上述，包括财务会计和管理会计两个子系统的会计信息系统的基本目标是提供有助于管理者决策的信息，即所谓的"有助于决策论"。

四、一个中心与两个基本点的共生互动性

根据前面的分析，发达的金融市场、完善的现代公司制度和会计信息系统三者存在十分密切的关系。发达的金融市场、完善的现代公司制度和会计信息系统之间存在共生互动性，这主要表现在以下几个方面。

（一）现代公司制度与金融市场的共生互动性

如前所述，企业组织形式发展的轨迹是一条"资金拉动"型的路径。企业组织形式发展的轨迹离不开金融市场，发达的金融市场能促进现代公司的发展。如前所述，金融市场是现代公司融资的场所，只有存在发达的金融市场，公司在建立和进一步发展时，才有可能随时随地筹集其所需要的资本。然而，现代公司的发展又反过来推动金融市场的发展和繁荣。如前所述，现代公司是金融市场的主要参加者，如果没有公司的存在和积极参与，金融市场将显得黯然失色。现代公司资本的融通，推动金融市场的发展和繁荣。完全可以说，没有完善的金融市场就没有公司制度，而没有现代的公司制度也就没有发达的金融市场。这就是现代公司制度与金融市场的共生互动性。

（二）现代公司制度、金融市场与会计的共生互动性

一个社会的会计以企业会计为主体，因为企业是其应用的基本单位。在现代市场经济环境中，市场的主体也是企业，而现代公司制度又是企业组织形式中最能体现现代市场经济本质特征的组织形式。因而，现代企业会计之精华体现于公司会计之中。没有现代公司制度，就没有现代会计。

发达的金融市场和现代公司制度相辅相成、共同发展的同时，推动了整个会计的发展和完善，这主要表现在以下几个方面。

第一，金融市场和现代公司制度的产生和发展，使得会计信息使用者多元化，财务会计所提供的信息必须符合这些信息使用者的愿望，产生所谓的"公认会计原则"，从而推动财务会计的规范化进程，促使会计从传统会计发展成为现代意义上的会计。

第二，金融市场和现代公司制度的产生和发展，扩大了会计的服务对象，拓展了会计的内容，财务报表要对外公开并接受外部监督，会计成为一种特殊的社会服务行业，独立的注册会计师和财务报表分析家应运而生。这全方位地促进了会计信息系统的发展，使会计的社会职能从较简单的财产"经管责任"关系的考察发展到较复杂的经济利益分配关系的协调，进而发展到优化社会经济资源的配置。

第三，金融市场和现代公司制度的发展、股份公司的产生，以及经营权和所有权相分

离的现象即"两权分离",对会计理论与方法产生了极为重大而深刻的影响。正是基于"两权分离",会计信息系统为了满足现代公司的所有者和经营者的不同信息需求,产生了"同源分流",逐步形成了财务会计与管理会计两个相对独立的领域。管理会计的产生和发展,大大丰富了会计信息系统的内容,标志着会计信息系统已经进入一个更高的层次。

第四,金融市场和现代公司制度的发展,促使会计目标发生转变。西方国家会计理论界很早就开始对会计目标进行研究,但是从历史发展的角度看,会计目标从"经管责任"发展到"决策有用性目标",则是金融市场和现代公司制度发展的必然结果。

第五,金融市场和现代公司制度的发展,使得许多金融资产出现以及企业理财活动变得复杂化,从而推动了会计信息系统向更高层次发展。面对全球性的金融工具创新,以美国为代表的西方会计理论界对未来会计确认和计量问题展开了深入的研究和探讨,连续发布了四个公告和多个讨论备忘录。国际会计准则委员会也为此发布了两个征求意见稿。未来会计确认和计量标准发生重大变化的趋势已经初露端倪。金融工具会计成为会计信息系统的一个新问题,它将对目前的会计理论与方法产生重大的冲击。

当然,完善的会计信息系统,通过提供相关的会计信息促进社会资源的合理流动和合理配置,反过来又促进金融市场和现代公司制度的发展和繁荣。没有完善的会计信息系统,也就没有规范化的公司制度和金融市场。这就是现代公司制度、金融市场与会计的共生互动性。

(三)金融市场、现代公司制度与会计信息系统之间的共生互动性

金融市场、现代公司制度与会计信息系统之间存在共生互动性,这是研究资本成本会计的前提条件。如果没有发达的金融市场,就没有完善的现代公司制度,就不可能计量权益资本成本。完善的会计信息系统应该提供有助于管理者决策的信息。很显然,在发达的金融市场和现代公司制度下,有关资本成本的信息是有助于管理者决策的信息。会计信息系统必须提供这方面的信息,否则会计信息系统就称不上是完善的会计信息系统。因此,如果没有完善的会计信息系统,资本成本会计也就不可能被提上议事日程。

基于上述认识,作者认为金融市场、现代公司制度与会计信息系统之间的共生互动性是资本成本会计研究的基础。资本成本会计的研究必须建立在发达的金融市场、完善的现代公司制度和会计信息系统的基础上。

最后需要说明的是:虽然企业的组织形式有独资企业、合伙企业和公司之分,但是基于上述认识,本书所指的企业,如果没有特别指明,一律泛指公司。然而,在后面的行文中,可能会出现"企业"和"公司"这两个本书认为同义的名词,这纯粹是为了在写作上保持与引文中所用的名词一致。

第三节 资本成本的计量

公司可以通过金融市场的不同资金来源渠道筹集资本，这些资本不能无偿使用，公司需要付出一定的代价，这种代价就是使用这些资本的成本。资本成本是组成公司资本结构的各种资本来源的成本之综合。为了便于分析和比较，资本成本一般用相对数表示。资本成本是一个相当重要的会计概念。会计信息系统要确认资本成本，首先必须对资本成本进行计量。

一、资本成本计量的基础

（一）资本成本的要素

"资本"这个术语，在经济学和会计学文献上，有四种不同的含义。联系会计学的资产负债表，资本可以指：①资产负债表左边的所有项目。这时，资本代表各种资源，资产是会计学上计量的那些资源。②资产负债表左边的某些项目。这时，资本代表某些资产。③资产负债表右边的所有项目。这时，资本代表各种权益，事实上，这是用来取得资本的各种资本来源，而不是资本本身。④资产负债表右边的某些项目。这时，资本代表某种权益。

从广义上说，资本是指为了取得公司的资产和营运所筹集的资金。如果没有列在资产负债表左边的各项资产的存在，公司就不能进行正常的生产经营活动。购置这些资产所筹集的资金来自资产负债表右边的各个项目。这就是资产负债表的结构。资产负债表右边的各个项目构成了公司的全部资本，包括短期负债、长期负债、优先股股本和普通股权益（普通股股本和留存收益）。但是，从狭义上说，资本指长期负债、优先股股本和普通股权益（普通股股本和留存收益），不包括短期负债，原因是以下两方面。

第一，短期负债如应付账款、应付工资、应交税金等项目属于自发性融资。由于公司在经营过程中，有些项目的发生时间与实际支付时间不一致，发生在前而实际支付在后而形成的资本来源称为自发性融资。公司通常都是定期发放工资给职工的，因而根据权责发生制，公司资产负债表上通常会出现"应付工资"这个项目。同样，公司一般也都是定期地支付应交的税款、代扣职工的个人所得税和货物税等，从而在资产负债表上，"应交税金"项目会紧接在"应付工资"项目之后；公司宣布分配股利的时间与实际支付时间也不一致，由此，公司资产负债表上便会出现"应付股利"这个项目；此外，公司在经营过程中还可能产生一些应付未付的项目。所有这些项目都将随着公司经营规模的扩大而自动地增加。从本质上看，这些项目属于持续不断发生的短期负债。而上述项目引起的短期负债并不会给公司带来外在的利息负担，从这点来说，自发性融资是一种可供公司使用的"免费"的短期负债。从另一个方面看，虽然公司占用了一部分"免费"的短期负债，但是，公司在经营过程中也被占用了一部分流动资产如应收账款。两者相互抵消，结果相差无几。

第二，资本成本信息主要用于长期筹资决策和长期投资决策，因而，人们应重点讨论为长期筹资决策和长期投资决策而进行的资本成本计量问题。基于这一目的，对于短期负债的成本可以忽略不计。例如，以长期投资决策为例，假设某投资项目需要原始投资200万元，其中固定资产投资150万元，流动资产投资50万元。如果该投资项目在营运过程中会产生自发性融资30万元，这些资金将自然地为公司提供相应的流动资金。这样，该投资项目所需要投资的流动资产为20万元，而该投资项目所需要的投资总额为170万元。在公司的投资决策中，人们感兴趣的正是这170万元资本的成本，该投资项目未来的净现金流量是否足以补偿这种非自发性融资产生的170万元的资本成本呢？既然人们关心的只是非自发性融资产生的资本成本，在计量公司的资本成本时，对于自发性融资而产生的短期负债就可以忽略不计。

需要指出的是，在资产负债表上，短期负债不仅仅包括上述各项自发性融资项目，还包括一些非自发性融资项目如应付票据、短期借款等。这些项目是否也属于资本成本要素？从理论上说，这些项目是否属于资本成本要素，取决于公司是否有意将这部分短期负债作为长期投资项目的资金来源。如果公司只是将这部分非自发性融资项目作为临时性筹资，用于满足公司经营周期性或季节性变化对资金的需求，那么，在计量资本成本时，可以不考虑这部分债务的成本；如果公司把短期负债作为筹集长期资金的手段，在计量资本成本时当然要考虑这部分债务的成本。不过，从公司理财的角度看，这些非自发性融资的短期负债如果被用于长期资产项目上，将具有较大的风险，这种情况在管理良好的公司是十分少见的。

综上所述，在确定资本成本要素时，应采用狭义上的"资本"含义。

（二）资本成本计量基础

依法纳税是公司应尽的义务。通常，公司的经营所得必须纳税。对于公司来说，纳税是一种现金流出。会计信息的使用者关心的是公司纳税后的价值而不是纳税前的价值。基于这一点，在计量资本成本时，应该考虑纳税问题，以税后为基础进行计量，计算税后资本成本。

（三）历史资本成本与边际资本成本

资本成本根据用途不同，可以分为历史资本成本与边际资本成本。历史资本成本指根据公司原先资本结构计算的资本成本，边际资本成本则指新筹集的最后部分资本的资本成本。就某些决策而言，历史资本成本是相关的资本成本。例如，在考核公司经营业绩时，历史资本成本就是一种相关的资本成本。而对于另外一些决策而言，历史资本成本则是非相关的资本成本。例如，在进行投资和筹资决策时，人们关心的是为了投资项目而新筹集资本的边际资本成本。这时，只有新筹集的资本的边际成本才是相关资本成本。当然，随着时间的推移，边际资本成本会转化为历史资本成本。

二、资本成本要素及其计量

资本分为债务资本和权益资本两大类，后者又可以进一步分为优先股、普通股与留存收益三个组成部分。不同类型的资本，其资本成本的计量方法也不同。

（一）债务资本成本的计量

债务资本主要包括公司发行的长期债券和借入的长期借款两个项目，下面主要介绍长期债券资本成本的计量。

长期债券按不同标志可以进行不同的分类。但是，不管是哪一种债券，债券上都应列明债券面值、到期日、付息日和债券利率等几个要素。由于债券利率与发行债券时金融市场的市场利率通常不一致，所以债券的发行价格与债券面值也不一致。通常，需要以市场利率为基础把未来应支付的利息与本金折现为现值，从而确定债券的发行价格。这里所用的折现率——市场利率，在完善、发达的金融市场环境下，就是债券持有者所要求得到的报酬率，即债券的资本成本。因此，债券资本成本，"实质上就是将债券发行后逐期付息和最终还本所形成的现金流出量统一转化为债券发行时一次现金流入量的现值所用的折现率"。

（二）权益资本成本的计量

如前所述，权益资本包括优先股、普通股和留存收益三个组成部分，下面叙述权益资本成本的计量。

1. 优先股资本成本的计量

优先股同时具有债务资本和权益资本的特征。一般情况下，优先股股东可以就其所持有的优先股股数按发行时约定的股利率领取一定金额的股息。从这一点来看，优先股具有与债务资本相同的特性。因此，有人称优先股为"永久性的公司债"。但是，优先股与债务资本不同，优先股没有预先确定的还本期，而且支付优先股股利并不是公司固定的义务，公司没有支付优先股股利并不会构成违约，也不至于使公司破产；与债务资本不同，优先股的股利应从税后收益列支。

虽然如前所述，优先股股利的支付并不是公司的义务，但是大多数公司仍会坚持发放股利，以维持公司的良好社会形象。而且，绝大多数的优先股具有累积的特点，即任何一年未支付的股利都可以累积到以后年度一并支付，公司在未清偿完所有累积欠下的优先股股利之前，不得发放普通股股利。这表明，上述股利模式可以较好地反映公司为取得优先股资本所付出的代价。

2. 普通股资本成本的计量

上述所讨论的债务资本和优先股属于契约性的债务，其资本成本不难确定；而要计算普通股资本成本则颇费周折，而且争议较多，依据也不统一。

计量普通股资本成本常用的方法有资本资产定价模式、折现现金流量模式和债券收益加风险溢酬三种。

（1）资本资产定价模式

众所周知，资本资产定价模式以某些不切合实际的假设条件为基础，它尚未完全得到实践的验证。但是，它由于具有严密而完整的逻辑性，在计量普通股资本成本时，经常被人们采用。根据资本资产定价模式，普通股股东所企求的报酬率即普通股资本成本等于无风险报酬率加上风险溢酬。应用资本资产定价模式计量普通股资本成本涉及下列四个步骤。

首先，估计无风险报酬率。在现代经济生活中，实际上并不存在所谓无风险投资，即使是政府长期公债投资也会有利率风险。但是，人们还是普遍将政府长期公债的利率作为无风险报酬率。在美国，该数据可以从华尔街报和联邦储备公报上获得。我国政府发行的国库券利率基本上可以代表无风险报酬率。

其次，估计股票的贝塔系数。贝塔系数反映个别股票随着市场变动的趋势，它用来衡量个别股票相对于平均风险的股票的变动程度。如果某种股票会随着一般市场的变动而变动，那么该种股票为平均风险股票。一般市场的变动程度通常通过一些具有代表性的股票指数进行衡量。平均风险股票的贝塔系数等于1，这意味着当股市行情上涨10%时，该种股票的行情也上涨10%，反之亦然。如果某种股票的贝塔系数为0.5，则该种股票的变动性只有市场变动的一半，即当股市行情上涨10%时，该种股票的行情只上涨5%。同样，如果某种股票的贝塔系数为2，则该种股票的变动性是市场变动的两倍，即当股市行情上涨10%时，该种股票的行情则上涨20%。

在西方，例如美国，许多证券投资公司以及各种金融机构每年都计算并公布数以千计的股票上市公司的贝塔系数，供投资者参考、使用。

一般而言，大部分股票的贝塔系数介于0.50~1.50，而根据定义所有股票的贝塔系数的平均值等于1。

目前，我国的金融市场刚刚起步，要计算各个上市公司的股票的贝塔系数还是相当困难的。

再次，估计市场投资组合的必要报酬率。大量研究表明，历史上市场投资组合的必要报酬率一般比无风险报酬率高出5%~7%。因此，有些公司在无风险报酬率的基础上加6%，便得到市场投资组合的必要报酬率。

最后，根据资本资产定价模式计算普通股资本成本。如前所述，在一定假设条件下，资本资产定价模式是严密的。但是，用它来计量普通股资本成本可能存在一些问题。第一，应用资本资产定价模式计量普通股资本成本时，假设普通股股东的相关风险只是市场风险，然而，如果公司的普通股股东本身没有进行高度的多元化投资组合，那么，他们关心的恐怕不仅仅是市场风险，他们同样在乎公司的总风险。这时，股票的贝塔系数将无法衡量公司真正的投资风险，而应用资本资产定价模式计量普通股资本成本将出现低估的现象。第二，要正确地估计采用资本资产定价模式计量普通股资本成本所需要的各个因素的数值也有一定的难度。

（2）折现现金流量模式

股票市场价值的形成与其预期的未来收益的水平有着直接的联系，可以看作其预期的未来收益进行资本化形成的现值。这样，将普通股预期的未来收益统一换算成现值所用的折现率就可以看作它的资本成本。

应用折现现金流量模式计算普通股资本成本的关键在于，确定一个合适的预期股利增长率。如果公司过去的净收益与股利都能比较稳定地增长，而且投资者对该增长率的期望也未曾改变，那么人们可以根据公司过去的股利增长率来确定公司未来的增长率。但是，如果公司本身的特殊情况或一般经济环境等，使公司过去的股利增长率不稳定，则投资者就不太可能根据公司过去的股利增长率来预测公司未来的股利增长率。这时，投资者只能另找其他方法来估计公司预期未来的股利增长率。证券分析师通常根据预计销售额、边际贡献和公司竞争力等因素来预测收益和股利增长率。因此，证券分析师的预测结果可以作为估计公司未来股利增长率的参考值。

在实务上，由于折现现金流量模式所需要的各项变量通常最容易获得，因此，证券分析师在估计普通股资本成本时相当依赖这种方法。

（3）债券收益加风险溢酬

债券收益加风险溢酬是一种主观判断色彩相当浓厚的计量普通股资本成本的方法。只要在长期债券利率的基础上加上风险溢酬率，便可得到普通股资本成本。因此，普通股资本成本的计算公式为：普通股资本成本＝长期债券利率＋风险溢酬率。

普通股的资本成本多少要比长期债券利率高一点。在这里，长期债券利率的确定较简单。如果长期债券是公开发行的，公司的财务经理可以轻而易举地得知本公司的长期债券利率，即使不是公司主持发行的长期债券，也可以通过投资银行等中介机构得知。采用这种方法，问题的关键在于如何确定合适的风险溢酬率。

如果风险溢酬率不随着时间的变化而变化或者其变化只是在一个相当稳定的范围内，那么，平均的历史风险溢酬率就可以用于估算现在和未来的风险溢酬率。然而，事实并非如此。大量研究表明："在利率稳定期间，风险溢酬率也相当稳定；利率变化较大时，风险溢酬率变化也较大。"近年来的实证研究结果表明："风险溢酬率的变化范围为1.5%至4.5%。"这样，只要在长期债券利率的基础上加上1.5至4.5个百分点的风险溢酬率就可以计算出普通股资本成本。

这种方法的理论依据是：如果公司发行的是风险较高而信用等级较低的长期债券，则其利率必然会偏高，以此作为负债持有者承担高风险的补偿。这时，由于公司具有较高的风险，其普通股资本成本当然也较高。因此，根据观察到的长期负债成本来估计普通股资本成本不会产生太大的误差。

除了上述三种常用的方法，还有两种计量普通股资本成本的方法，它们是历史报酬率法和每股收益额/每股价格比率法。

①历史报酬率法。这种方法采用股东已经赚取的历史报酬率确定普通股资本成本。它假设这些股东在过去买进股票，一直持有到现在，按现行市场价格出售这些股票。

例如，某公司五年前普通股每股价格为100元，每年支付10元的股利，现在按每股110元出售股票。以100元价格购买股票的投资者，平均每年资本利得为2元。这样，应用历史报酬率法，该投资者平均每年报酬率为12%。这12%就是股票现行的报酬率，或者说就是公司普通股资本成本。

历史报酬率应建立在以下假设基础上：公司未来的经营业绩没有什么重大变化；利率水平没有发生什么重大变化；投资者对风险的态度没有变化。应用这种方法计量普通股资本成本时，必须多加小心，因为上述假设条件十分罕见。除非未来情形与过去一样，否则这种方法相对于未来的决策缺乏相关性。

②每股收益额／每股价格比率法。每股收益额／每股价格比率是每股收益额与每股平均价格之比，将此作为公司普通股资本成本。这种方法实际上就是用未来预期利润的资本化来代替未来预期股利的资本化而进行的普通股的成本计算。这种做法从理论上看是不正确的，因为在这个问题上同股票投资者相联系的现金流动只是股利，而不是利润的全部。

上述各种普通股资本成本计量方法各有千秋，也许其计量结果相去甚远。但是，作者认为只有慎重地分析再加上非常明智地判断才能做好普通股资本成本的计量工作，这两者是缺一不可的。当然，如果世界上存在一种简单易行且不必涉及任何主观判断就能准确地计量普通股资本成本的方法，那将是一件非常美好的事情。不幸的是，至今人们仍然没有找到这种方法。这就要求公司必须根据自身所面临的各种经营环境，对各种计量方法的实用价值进行判断，从而选择在现有的情况下相对合理的计量方法。

3. 留存收益资本成本的计量

留存收益仍然属于普通股的权益，它可以视为普通股股本的增加额。表面上，公司对留存收益没有必要逐年支付股利，似乎公司可以无偿地使用这部分资金，因而不必计量其成本。其实不然，原因有如下两点：第一，公司如果要筹集这部分与普通股性质相同的资本，也需要付出与发行普通股一样的代价，因而留存收益应该具有与普通股相同的成本。虽然这项成本并不用实际支付，但它作为"机会成本"的一种表现形式——"假计成本"依然客观存在。第二，从股东的角度看，留存收益原本应该作为股利分配给股东，把这部分资金继续留存于公司进行再投资，实际上是一种延迟分配。因此，留存收益的资本成本也应被计量，而且应与普通股资本成本相同。

如前所述，不同的资本来源，其资本成本也不同。由于受到种种因素的限制，公司不可能只从某种资本成本最低的来源渠道筹集其所需要的全部资本。事实上，只有多种资本来源渠道的有效组合，才能实现公司的整体资本成本最低。一旦确定了各个资本要素的成本，就要从公司整体的角度出发，计量其整体资本成本。公司整体资本成本是其各类资本成本的综合，它是以各类资本在总资本中所占的比重为权数而形成的各类资本成本的加权平均资本成本。

在这里，如何确定各类资本来源在全部资本中所占的比重是正确计量公司整体资本成本的关键。计量各类资本来源占全部资本的比重的基础可以是公司资产负债表上列示的各类资本的账面价值，也可以是各类资本的市场价值或目标资本结构的各类资本的目标比重。

第一，以各类资本账面价值为基础计量公司整体资本成本。

公司期末编制的资产负债表，列示了各类资本的账面价值。因此，以各类资本账面价值为基础计量公司整体资本成本，从数据的取得方面而言比较容易。

从公司的事后评价角度来看，以公司各类资本账面价值为基础计量公司整体资本成本比较合适，因为它与资产负债表上所列示的各类资产的价值一致，从而与对外公布的数据保持一致。

第二，以各类资本市场价值为基础计量公司整体资本成本。

尽管以账面价值为基础计量公司整体资本成本具有上述的优点，但是这种方法本身存在一定的问题。公司的各种证券如果在证券市场上公开进行交易，那么，其市场价值与其在资产负债表上所列示的账面价值会相差甚远。鉴于此，一些权威人士支持以市场价值为基础计算公司整体资本成本，因为这一方法与用市场价值确定的各个资本要素成本相一致。也就是说，未来预期收益的资本化是各类资本成本计算的理论依据，而通过未来预期收益资本化形成的"现值"是一个动态的概念，它更接近于市场价值，而与过去某一个时点形成的账面价值关系不大。因此，以各类资本的市场价值为基础计算公司整体资本成本，相对而言比较适宜。

由于长期债券和优先股未来的预期收益基本稳定，因而对其未来预期收益进行资本化所形成的现值也具有较大的稳定性。由此，它们的账面价值与市场价值比较接近，两者相差不会太大。而普通股则不然，其未来的预期收益受到多种因素的影响。公司未来的前景、股利政策以及公司面临的一般经济环境等诸因素的变动都会在不同程度上影响公司未来的预期收益，进而影响现在的或潜在的股东的心理状态与投资决策倾向，从而使股票的市场价值呈现出较大的波动性。股票市价的这种波动，有助于公众对公司的生产经营形成一种社会监督机制与客观评价机制，自然得到公司内外各有关方面的关怀和重视。因此，从决策的相关性而言，以各类资本市场价值为基础计量公司整体资本成本比较合适。

第三，按目标资本结构各类资本比重计量公司整体资本成本。

从理论上说，每个公司都有一个使风险与报酬得到最佳权衡的资本结构，即各种资本要素的组合，这就是公司的目标资本结构。公司建立了目标资本结构之后，采用保持实际的资本结构与目标资本结构相一致的方式筹集新的资本。这种方法的支持者认为应该采用债务、优先股和普通股权益在全部资本所占的目标比重来计算公司未来的整体资本成本。

从公司的预测性评价角度来看，按目标资本结构的各类资本的目标比重计量公司整体资本成本相关性更强。

资本成本的信息提供者应该根据公司本身及其信息使用者的决策、评价的需要选择相应的计量方法，增强资本成本信息的决策有用性程度。

三、有关问题的进一步讨论

下面对与资本成本计量有关的几个问题进行进一步的讨论。

（一）可转换债券

复杂资本结构的公司通常发行在一定条件下可以转换成普通股的债券。可转换债券是一种在一定条款和条件下，持有者可以根据其拥有的选择权将它转换成普通股的证券。可转换债券的可转换性使得公司在不寻求新的资本来源的情况下，可以自动地调整公司未来的资本结构，从而增强公司财务杠杆的弹性，并为公司进一步筹集资本创造条件。然而，正是这种可转换性使得可转换债券的票面利率低于其他一般债券的票面利率。但是，对于发行可转换债券的公司而言，可转换债券的实际成本却高于那些不可转换的一般债券的成本，这是因为权益资本成本一般高于债务资本成本。

在计量公司资本成本时，如果债券的转换价格接近于公司普通股的市场价格，那么，可转换债券应该视同权益资本；否则，可转换债券视同债务资本。这时，为了反映可转换债券的转换权利的价值，可能假计若干百分点的溢酬，并把它加到债券的利率上。

（二）个人所得税问题

如前所述，留存收益原本应该作为股利分配给股东，把这部分资金继续留存于公司进行再投资，实际上是一种延迟分配。也就是说，普通股股东对普通股要求的报酬率与对留存收益要求的报酬率相同。这实际上隐含了两个假定条件：股东对其所取得的股利收入不必缴纳个人所得税，股东用其得到的股利进行再投资没有产生经济费用等手续费。然而，在现实生活中，这些假定是难以满足的。这样，股东对留存收益要求的报酬率（实际上是一种机会成本）就可能低于其对股本要求的报酬率，即普通股的资本成本与留存收益资本成本未必相等。

（三）递延项目

递延项目根据其来源的不同可以按多种方式进行分类。以递延税款为例，它是一种非现金支出；从现金流量的意义上说，它不仅不是现金支出，还是一种资本来源。就资本成本的计量而言，递延项目可以视为来自政府或其他主体的"免费资本"。但是，如果公司考虑将递延项目这项来源发放给股东的话，递延项目可以视同权益项目，它同样存在机会成本问题。在实务上，有些公司在计算资本成本时，对递延项目忽略不计，有些公司则把它当成无成本项目，还有些公司将它作为权益的一个组成部分。

第四章 投资决策的基本指标和方法

任何投资项目方案的提出和实施，既应有物质方面的效果又应有相应的经济效益。投资项目的经济效益就是企业面对不同投资项目进行取舍的依据。本章主要介绍投资项目决策的基本指标和方法。

第一节 投资方案的选择和投资决策的方法概述

企业投资决策，首先是从若干个项目中选择一个最好的项目或几个较好的项目。在投资方向基本确定之后，在进行项目可行性研究过程中，为实现项目的预定目标会形成多个实施方案。例如产品、生产规模、工艺流程和关键设备的选择，原材料和燃料、动力的供应方式，厂址选择，工厂布置以及资金筹措等，都要求根据实际情况提出各种可能的工程技术方案，然后对多个实施方案进行比较和优选，以确定最佳投资方案。

一个可行的投资方案不一定是最优的投资方案，甚至未必是次优的。有限的投资方案中，也不一定包含着客观上最优的方案。一般来说，最初围绕预定目标拟订的方案越多，最后选出的方案就越有可能接近最优。方案比较的目的就是得到最优或次优的可行方案，使投资尽可能地取得更好的经济效益和投资效果。

投资方案通常分为独立方案和互斥方案。独立方案指各个投资方案的现金流量是独立的，不具有相关性，其中任一方案的采用与否都不影响是否采用其他方案。因此，独立方案的采用与否，只取决于方案自身的经济性。多个独立方案与单一方案一样，只要按照投资决策标准来决定方案的取舍即可。互斥方案指各投资方案之间存在着互不相容、互相排斥的关系，在几个方案中只能选取一个。这时，投资决策并不是简单地接受或拒绝某一特定的投资方案，而是首先必须在一系列投资方案中选出一个最好的方案，然后决定是否值得对这一最好的方案进行投资。

企业在投资决策过程中，常常面临的是多个互斥项目或方案的选择问题。例如，对拟建项目所需的关键设备，既可以考虑采用国产机器设备的方案，又可以考虑引进国外的机器设备的方案；即使在已经决定采用国外的机器设备后，还需考虑是采用从美国引进机器设备的方案，还是采用从德国或日本等国引进机器设备的方案。这些方案不能同时并存，必须选择其中之一，因而是互相排斥的方案。因此，从研究孤立项目的投资决策标准问题转变为在几个互斥投资方案中做出选择的问题，既有必要又有重要的现实意义。

投资方案的比较牵涉许多因素，不仅要考虑投资方案的技术和经济方面的因素，还要考虑项目本身及与其相关的因素，诸如产品质量、市场营销、风险性和灵活性、工程建设能力、企业形象、环境保护、劳动就业以及外部竞争压力，等等。因此，投资方案的比较分析是一个复杂的系统工程。对以上许多因素，还需要进行广泛的调查研究和深入的定性分析，为最终决策提供依据。当然，尽管投资项目的经济价值标准并不是最终做出投资决策所考虑的唯一因素，但它在企业投资决策中所起的作用是不言而喻的。本章重点探讨如何从企业经济效益的角度，以定量分析的方法来比较和选择投资方案。

投资方案经济价值的比较分析一般可以分为以下几个步骤：①建立尽可能多的互斥的投资方案；②确定项目计算期；③确定每一个投资方案的现金流量；④确定企业最低期望收益率（或贴现率）；⑤用合理的方法比较各方案的投资价值；⑥进行必要的补充分析，包括盈亏平衡分析、敏感性分析和风险分析等；⑦选择和确定最佳投资方案。

做出正确投资决策的前提就是要选择客观、恰当的投资决策方法。衡量项目投资价值需要一定的经济评价方法和指标。投资决策方法是指评价和分析投资方案的经济效益，并根据经济效益的大小选择投资方案的方法。评价指标是投资项目经济效益或投资效果的定量化及其直观的表现形式，它通常是通过对投资项目所涉及的费用和效益的量化和比较来确定的。评价指标根据费用和效益的比较方法不同，可以分为价值型指标（效益与费用之差额）与比率型指标（效益与费用之比值）两种。前者属于绝对投资价值的确定，后者属于相对投资价值的确定。按照是否考虑所量化的费用和效益的时间因素（资金的时间价值），评价指标又可分为不考虑资金的时间价值的静态指标（方法）和考虑资金的时间价值的动态指标（方法）两类。

本章将着重介绍一些常用的衡量项目的投资价值的方法和评价指标。主要包括：投资回收期法、会计收益率法、净现值法、内部收益率法、外部收益率法、获利能力指数法。这六种方法中，前两种属于静态分析方法，后四种属于动态分析方法。

投资决策的静态分析方法是按照支出、收入、利润和资金占用、周转等方面的传统会计观念，对公司投资的经济效益进行评价和分析的方法，所以又称为投资决策的会计方法。该方法没有考虑资金的时间价值，因此又称为非贴现方法。

按照传统的会计观念，以货币为统一制度计量的金额收入或支出，不论发生在何时，其经济价值是相同的。也就是说，现在发生的资金支出和垫付资金，可以用若干年后取得的收入直接予以补偿。如果两者的数额相等，就认为并无任何损益；若取得的收入大于过去的支出，其超出部分就被看作利润，反之则认为发生了亏损。因此，按传统会计观念来评价和分析投资的经济效益，不需要考虑现金流入和现金流出的时间性，因为任何时期的现金流入或流出都可以相加或相减。由此可见，投资决策的静态分析方法实际上就是将财务会计中关于损益计算的原理和方法应用于投资决策分析中。

投资决策的动态分析方法是依据货币时间价值的原理和方法，将投资于不同时期的现金流入和现金流出按某一可比基础换算成可比的量，据以评价和分析投资效益的方法。该方法考虑了资金的时间价值，因此又称为贴现方法。

在动态分析方法下，投资于不同时期的现金流量不能简单相加或相减，只能通过一定的方法将其换算为可比值。换算的基础可以是现值也可以是终值。因为投资决策的动态分析方法考虑了货币的时间价值这一重要因素，所以和静态分析方法相比，它更客观、更精确。目前，公司投资决策常用的方法多是动态分析方法。动态分析方法具体又分为现值法、等年值法和终值法。

现值法是公司投资决策常用的方法，它是按货币具有时间价值的观念，将一项投资引起的全部现金流入和现金流出均按某一投资报酬率（或是投资的必要报酬率以及投资的内部收益率）换算为相当于投资开始时的现值，然后在此基础上分析和评价投资效益的方法。它具体又分为净现值法、盈利能力指数法、现值回收期法、内部收益率法和外部报酬率法等。

只有正确地理解和适当地应用这些投资价值评估方法、指标，才能对投资项目进行有效的经济分析，并做出正确的投资决策。

第二节 投资回收期法

一、静态投资回收期法的基本概念和模式

投资回收期是指一项投资的现金流入逐步累计至等于现金流出总额即收回全部原始投资所需的时间。投资回收期法是将投资回收期的长短作为评价和分析投资经济效益高低的标准，依次进行投资决策的方法。投资回收期法按照是否考虑资金的时间价值，分为静态投资回收期法和动态投资回收期法两种计算方法。其中静态投资回收期法是指在不考虑资金的时间价值的条件下，以项目的净收益抵偿全部投资所需要的时间，是投资项目经济分析中最简单和最经常使用的方法之一。

投资回收期以年为单位，既可以从建设开始年算起，又可以从投产开始年算起，但一般应从建设开始年算起。如果从投产开始年算起应做出说明，以便于不同项目的投资回收期能用统一的标准进行衡量，使之具有可比性。由于投资项目每年预计产生的现金流入量可能相等、也可能不相等，因此，计算投资的静态回收期有两种不同方法。

（一）投资方案每年的现金流入量相等

在投资方案每年的现金流入量相等的情况下，回收期可按下列公式计算：回收期＝投资的初始现金流出÷每年的现金流入。

（二）投资方案每年的现金流入量不相等

在投资方案每年的现金流入量不相等的情况下，投资回收期由逐年累计的净收益与项目初始投资相等时的年份加以确定。这时，投资回收期可根据现金流量表（全部投资）中累计净现金流量计算求得。

二、静态投资回收期的优缺点

静态投资回收期是对一个投资项目回收其全部投资所需时间的粗略的估算，它是考察项目在财务上的投资回收能力的主要静态评价指标。一般来说，运用回收期法进行投资决策分析，必须事先确定一个公司可接受的投资最高回收期标准。当拟建项目的投资回收期小于其最大投资回收期标准时，该公司应接受该项目；反之，则应拒绝投资。一般来说，在其他条件相同时，投资回收期越短，投资项目的风险越小，因而也越有利。运用这一方法的难点在于怎样确定公司可接受的最高回收期标准，因为这一标准的恰当与否直接关系到公司对投资方案的评价和分析。投资回收期的确定一般需要公司的管理者具备相关的知识和经验，并需要对投资的性质以及未来的经营，做出恰如其分的预测和分析。公司也可以将国家有关部门（行业）规定的基准投资回收期或部门（行业）的平均投资回收期作为参考标准。

（一）静态投资回收期的优点

静态投资回收期的优点：计算简便，通俗易懂；适用于短期投资评价，促使公司尽快收回投资；能粗略估计项目的可营利性；适用于各种投资规模。

（二）静态投资回收期的缺陷

静态投资回收期只反映投资的回收速度，不能反映投资的整个寿命期限和盈利能力，掩盖了很多数据，没有考虑项目计算期内投资回收期后各年的现金流量，也不能明确衡量项目投资收益的大小。

静态投资回收期不考虑投资现金流量发生的时间性，在评价和分析投资方案时忽略了货币的时间价值这一重要因素。

因此，静态投资回收期指标具有很大的片面性和局限性。在投资决策时，不能仅将静态投资回收期作为决定项目取舍的依据，要与其他方法相配合。为了克服静态投资回收期法未考虑资金的时间价值的缺点，可采用动态投资回收期法。

三、动态投资回收期法的基本概念和模式

动态投资回收期指在考虑了资金的时间价值的条件下，以项目的净收益抵偿全部投资所需要的时间。

动态投资回收期法通用的计算公式为：回收期 = 累计现值开始出现正值的年份数 -1。

动态投资回收期法作为静态投资回收期法的改进，它除了考虑了资金的时间价值，仍具有与静态投资回收期法相同的特征，适宜作为投资决策的辅助性方法。

第三节 会计收益率法

一、会计收益率的含义

会计收益率是一种会计形式的投资收益率指标,是一项投资方案平均每年获得的收益与投资额之比,它表示单位投资额每年获得的报酬,是一项反映投资获利能力的相对数指标。会计收益率法是根据会计收益率的大小来评价和分析投资方案经济效益的方法。

可以将计算出的会计收益率与企业现存的或期望得到的收益率比较,如果会计收益率大于企业的最低期望收益率,就可以考虑接受该项目,否则就认为该项目不可行。

二、会计收益率法的优缺点

(一)会计收益率法的优点

第一,运用会计收益率法评价投资的经济效益,从某种程度上反映了投资所产生的盈利水平,较回收期法要客观、全面。

第二,会计收益率法计算简单,容易理解和掌握。

第三,会计收益率法适用于各种投资规模。

(二)会计收益率法的缺点

第一,会计收益率法没有考虑投资现金流量的时间性和货币的时间价值这一重要因素。会计收益率的计算人为地将每年的投资收益平均化,从而忽略了现金流量的时间性。

第二,在公司采用不同折旧方法的情况下,会计收益率很难客观正确地分析投资的经济效益,因为不同的折旧方法会得出不同的会计收益率。

综上所述,会计收益率法不是一个十分理想的投资决策方法,但对于项目的机会研究或初步可行性研究,或者对于投资规模较小的短期项目的投资决策,还是具有很重要的意义的。

第四节 净现值法

一、净现值法的基本概念和模式

净现值是指把项目计算期内各年的净现金流量,按一定的贴现率折算到建设期初(第一年初)的现值之和。它是考察项目在计算期内盈利能力的动态指标。

净现值法是按投资净现值的大小评价和分析投资经济效益的方法。投资净现值的含义可以这样理解,在净现值法下,计算投资的现金流量现值实际已将投资所应实现的报酬考虑在内,这就是投资的贴现率,也称为必要报酬率。净现值实际上是一项投资在实现其必要报酬率后多得报酬的现值。

二、净现值是贴现率的函数

(一)用确定的贴现率计算净现值的结果

当净现值大于零时,表明项目的投资净收益抵付了相当于用贴现率计算的利息之后还有盈余,即该项目的获利能力高于所选定的贴现率。从财务的角度考虑,该项目是可行的,应予接受。

当净现值等于零时,表明项目的净收益正好抵付用贴现率计算的利息,即项目的获利能力等于所选定的贴现率。一般认为,该项目也可行,可予接受。

当净现值小于零时,表明项目的净收益不足以补偿用贴现率计算的利息,甚至有可能出现亏损,即项目获利能力低于贴现率。可判断该项目不可行,应拒绝接受。

(二)在净现值计算中所选用的贴现率

在净现值计算中所选用的贴现率一般取决于企业所确定的最低期望收益率、企业投资所用资金的成本或者依据该部门(行业)的基准收益率。

通过净现值的计算公式可以得知,净现值将随着贴现率的变化而变化,即净现值是贴现率的函数。在现金流量不变的情况下,净现值随着贴现率的增加而减少;当贴现率等于某一个值时,净现值等于零。净现值是根据资金等值原理将项目在计算期内各年的净现值流量折算到建设期初,即以"现在"为基准点,进行比较和分析。但是,这个基准点不是唯一的,而是可以任意选定的。例如,可以采用计算期最后一年末为基准点,这样计算的值通常称为净终值。把基准点定在投产年年初,可以转化为净年值。

所选择的基准点不同,只会影响净现值数额的大小,但不会影响投资决策的结果。在投资项目经济分析中,净年值和净终值是两个经常使用并与净现值等效的评价指标。

三、净现值法的优缺点

（一）净现值法的优点

净现值考虑了资金的时间价值，是一种贴现现金流量方法，克服了回收期法和会计收益率法的缺陷；能明确地和一个期望的投资收益率联系起来，不存在中间的现金流以项目的内部收益率进行再投资的假设；使用现金流作为基本的衡量对象，能直接说明投资额与资本成本的关系；在有足够数据的情况下，计算较为简便。

（二）净现值法的缺点

净现值法需要搜集大量有关投资项目的数据；为了确定贴现率，需要事先估算投资所用资金的成本；不能直接说明每年的经营成果；不能求得"真正"的投资收益率，只能说明所得的收益率是大于还是小于事先设定的收益率。

第五节　内部收益率法

一、内部收益率法的基本概念

内部收益率是指在项目的计算期内，能使投资的现金流入现值总额与现金流出现值总额恰好相等，即项目在整个计算期内各年的净现金流量现值之和（净现值）等于零时的贴现率。

内部收益率法就是具体测定投资的内部收益率，并据以分析和评价项目的经济效益，选择最佳投资方案的投资决策方法。

内部收益率顾名思义为项目"内部"的收益率，即项目在整个计算期内始终存在未能收回的投资，这些尚未收回的投资将以一个等于内部收益率的增长率增值，到项目计算期结束时，投资正好被全部收回。也就是说，在项目计算期内，项目始终处于"偿付"未被收回的投资的状态。这种偿付能力完全取决于项目"内部"，即内部收益率。

内部收益率是通过令项目的净现值等于零时的贴现率，即在保证投资项目不发生亏损的条件下，投资者能够承担的最高利率（资本成本）。还可以这样理解，如果用于项目投资的全部借入资金（假定用于项目投资的资金全部为借入资金），将内部收益率作为利率计息，则由项目投资所得的净收益来偿付全部借款（包括本金和利息）。

在运用内部收益率法分析和评价投资方案时，可以将测得的项目内部收益率与资本成本和必要报酬率相比较。如果内部收益率低于资本成本，表明该项目的投资不仅不能给公司带来利润，就连筹措资金所支付的成本都难以补偿；如果内部收益率高于资本成本、低于必要报酬率,则表明该项投资在补偿了资本成本后,不能为公司创造满意的经济效益;若投资的内部收益率高于必要报酬率,表明投资能取得比公司预期更好的经济收益。在排除了所有内部收益率低于必要报酬率的投资方案后,其内部收益率最高的项目一般为投资的最佳方案。

二、内部收益率的测算

内部收益率的计算是要对一个一元高次方程进行求解,可以采用试差法和线性插值法较为精确地求出投资项目内部收益率的近似值。根据投资的现金流入与现金流出发生的不同形式,内部收益率的测算主要有两种方法测算。

(一)方法一

在一项投资的现金流出现值为已知、投资的寿命期内每期现金流入为等量的条件下,投资的内部收益率可采用此方法测算。

首先,根据在投资的内部收益率下现金流出现值和现金流入现值相等的原理,求投资在寿命期内的年金现值系数。

其次,根据所求的年金现值系数,查"年金现值表",在已知的期数行内,查找与所求系数相同的系数。若有恰好相等者,那么表中系数所对应的报酬率即为内部收益率;若无恰好与该项现值系数相等的系数,则可找出与所求年金现值系数相临近的较大和较小的现值系数。根据两个临近的现值系数及其所对应的报酬率和所求得的年金现值系数,采用线性插值法计算投资的内部收益率。

(二)方法二

如果一项投资每期的现金流入量不相等,则可采用此方法。

任意设定一个贴现率对拟建项目在整个计算期内各年的净现金流量进行贴现,并得出净现值。如果得到的净现值为零,则所选定的贴现率即为内部收益率。如果所得的净现值大于零,则逐步提高贴现率进行试算,直到其净现值趋于零为止;如果所得的净现值小于零,则逐步降低贴现率进行试算,直到其净现值趋于零为止。

在实际计算中,一般很难得到净现值等于零的情况,或者要经过多次试算才能得到。因此,可以直接采用线性插值法求内部收益率的近似解。

三、对内部收益率解的探讨

由于内部收益率是高次方程的解,所以可能出现这样几种情况:内部收益率是唯一的、内部收益率有多个、无内部收益率(实数域内方程无解)。为了掌握这个规律,首先要了解常规投资项目和非常规投资项目的区别。常规投资项目是指在项目计算期内各年的净现金流量在开始一年或数年为负值,在以后各年均为正值的项目,即在项目计算期内净现金流量序列的正负符号只变化一次的项目。非常规投资项目是指在项目计算期内各年的净现金流量的正负符号的变化超过一次的项目。一般来说，对于常规投资项目，只要其累计净现金流量大于零，则其有唯一的内部收益率，对于非常规投资项目则有可能出现多个内部收益率或没有内部收益率的情况。

用最低期望收益率对紧跟在正的净现金流量后面的负的现金流量逐年往前贴现，一般从最后出现的负的净现金流量开始，直到被前一年的正的净现金流量所抵消为止，使调整后的净现金流量成为常规投资项目的类型，然后用常规的方法计算求出新的内部收益率。

先把正的净现金流量按最低期望收益率用于再投资，逐年往后进行，直到累计的再投资收益抵消了后面年份的负的净现金流量为止，然后把调整后的净现金流量用常规方法计算求出新的内部收益率。

项目投资决策的结论不会随净现金流量调整计算方法的不同而变化。被用于项目投资决策标准的最低期望收益率也可以被用来转化非常规净现金流量为常规净现金流量，最后决策的结论不会发生改变。

四、净现值法与内部收益率法的矛盾

有时用净现值法和内部收益率法在分析和评价投资方案时会产生矛盾。这时该选取哪种方法呢？究竟哪种方法是正确的，哪种是错误的？

在实务中，评价项目的财务可行性通常更倾向于采用内部收益率法，这是因为与净现值相比，内部收益率避免了对贴现率的估算，可以直接衡量一个投资项目的"真正"的投资收益率，便于决策者的理解以及与资金成本的直接比较。

五、内部收益率法的优缺点

（一）内部收益率法的优点

内部收益率法可以直接衡量一个投资项目的"真正"的投资收益率；它是一种联系企业经营成果的衡量方法，可以直接和资金的成本做比较；它是一种贴现现金流量的方法，适用于各种投资规模；只要数据收集好了，计算上是可行的。

（二）内部收益率法的缺点

内部收益率法需要大量的与投资项目有关的数据；为确定项目的取舍，它需要估算资金的成本；它是投资项目在整个计算期内投资收益率的平均值，不能直接反映每年的经营成果；它会出现多解或无解的情况，需要进行调整。

第六节 外部收益率法

内部收益率法存在多个解的可能性,这会使投资决策陷入困境,为了克服这个缺陷,上一节介绍了两种通过调整净现金流量来做出决策的方法,下面将在这两种方法的基础上深化,为读者介绍一种具体化、规范化的直接计算投资收益率的动态分析方法——外部收益率法。

一、外部收益率法的基本概念和模式

外部收益率是指项目在整个计算期内假定已回收的资金(正的净现金流量)按最低期望收益率进行再投资,其累计的再投资收益等于投资(负的净现金流量)的终值时的利率。其表达式为:

$$\sum_{t=0}^{n} R_t (1+\mathrm{MERR})^{n-1} = \sum_{t=0}^{n} C_t (1+\mathrm{ERR})^{n-1}$$

式中:MERR——最低期望收益率;

ERR——外部收益率;

R_t——第 t 年正的净现金流量(否则为零);

C_t——第 t 年负的净现金流量(否则为零)。

当外部收益率大于或等于企业的最低期望收益率时,表明该项目的投资收益率能满足企业最低期望收益率的要求,就可考虑接受该项目;若外部收益率小于企业的最低期望收益率,则应拒绝该项目。

二、对外部收益率法的评价

外部收益率与内部收益率相比,具有一个明显的特点:因为方程式的解是唯一的,所以对于每一个既定的净现金流量序列只有一个与之对应的外部收益率。外部收益率法在分析和评价单个投资项目(即使该项目有一个复杂的净现金流量序列)时与净现值法具有一致性。

第七节　获利能力指数法

一、获利能力指数法的基本概念

获利能力指数是指项目在整个计算期内全部收益的现值与投资现值的比率，即现金流入现值总额与现金流出现值总额之比。

二、对获利能力指数法的评价

获利能力指数主要用来动态地考察项目单位投资的获利能力，实际上并不能比净现值指标提供更多的有关投资决策的信息，所以没有什么特殊的优点。

第八节　差额内部收益率法

一、差额内部收益率法的基本概念和模式

互斥投资方案的比较，无论采用什么方法，其实质是对两个方案进行比较，看看增量投资（或现金流出）能否被其增量收益抵消或抵消有余，即对增量净现金流量的经济性做出判断。在互斥投资方案的比较中，仅用内部收益率指标进行比较，不一定能选出最优方案，因而只有计算其增量净现金流量的内部收益率，即差额内部收益率，才能保证方案比较和选择的结论的正确性。

按内部收益率最大准则来进行互斥投资方案的比较是有条件的，并非在所有情况下都能成立，正是其条件性决定了按内部收益率最大准则所得出的结论具有局限性。

多个互斥方案进行比较时，可先将其按一定规则排列，例如，按投资额大小由小到大排列，再对最前面的两个方案按差额内部收益率法进行比较，优胜劣汰，然后把较优者依次与相邻方案两两逐对比较，直至全部方案比较完为止。

二、对差额内部收益率法的评价

差额内部收益率只能反映增量净现金流量的经济性，并不能反映各方案自身的经济性。所以差额内部收益率法只能用于互斥方案间的比较分析，差额内部收益率的大小不能单独

作为方案取舍的依据。

用差额内部收益率法比较方案时,有时可能会出现差额内部收益率不存在的情况。

内部收益率求解方程对于非常规现金流量可能存在多个实数解。一般来说,增量净现金流量较之单个独立方案的净现金流量更容易出现正负符号多次变化的情况,所以求解差额内部收益率时,更有可能出现多个实数解的情况。这不仅会使计算工作变得复杂,还会给方案的比较带来更大的困难。这是用差额内部收益率法进行投资方案比较时所存在的主要缺点。

三、差额内部收益率法与净现值法的比较

差额内部收益率法与净现值法用于比较和选择方案时所得的结论是一致的。差额内部收益率法与净现值法在进行方案比较和选择时,是从同一个角度说明同样的问题,所以这两种方法彼此等价。因此,当用净现值法进行方案比较和选择时,就无须再用差额内部收益率法做进一步的验证分析。

净现值法只需要简单地计算每个方案的净现值,并从中选出净现值最大的那个方案。只要计算净现值时所使用的贴现率充分考虑了企业的最低期望收益率或资金的机会成本,那么就能有效地使用净现值法在互斥投资方案中比较和选择出最优的方案。因此,作者建议采用净现值法进行互斥投资方案的比较分析。

需要指出的是,作者并不主张采用净现值法对独立方案进行优劣次序排队,因为在这方面净现值法的能力是非常有限的。例如,对于三个独立的投资方案来说,即使一个投资规模较大的方案,其净现值比其他两个投资规模较小的方案中的任何一个的净现值都大(但它小于这两者之和),但选择两个规模较小的投资方案很可能比选择这一规模较大的投资方案更为合理。

第九节　互斥投资决策的其他方法

一、净现值相同时的方案比较

互斥投资是在两个以上的相互排斥的待选方案中只能选择一个的投资。净现值法用于互斥投资方案的比较应以净现值最大为选择标准,那么,当两个互斥投资方案的净现值相等时,哪一个方案更可取呢?这时,需要做辅助分析。

两个投资方案的净现值相等,不外乎两种情况:一种是两个方案的投资(现值)不同,由投资所产生的收益现值也不同,但净现值即收益现值与投资现值的差额相等;另一种是两个方案的投资(现值)相同,由投资所产生的收益,尽管资金回收的时间安排各异,但仍具有相同的现值,因而净现值也相等。对于第一种情况,选择投资小的方案更合理,因

为投资小的方案的盈利能力指数或净现值率，即单位投资的盈利能力必定优于投资大的方案。对于第二种情况，只要比较两个方案，当由投资所得的收益现值相等时，在资金回收的时间安排方面，哪一个方案更可取。对此作者提出一种可行的比较方法，由于这种方法与计算投资回收期相类似，且考虑了项目的整个计算期，因而称之为存在期间法。所谓存在期间法就是指项目的加权平均寿命，其各年的权数就是该年所得的净现金流量（仅指生产经营期的净收益，而不包括投资支出）的现值。

一般情况下，作者认为应选择其中存在期间较短的方案为宜。这是因为净现值与投资回收期类似，不仅在一定程度上反映了项目的经济性，而且反映了项目的风险大小。存在期间越短，意味着该方案具有更强的抗风险能力，能更好地承担利率和资金的机会成本可能上升的风险。

二、计算期不同时的方案比较

如果相互比较的方案，其计算期是不同的，那么各方案按各自的计算期计算出的净现值不具有可比性。为了使各方案具有可比性，就应当进行适当的处理，使方案在相同的条件下进行比较，才能得出合理的结论，一般采用以下几种方法。

（一）最小公倍数法

这种方法就是取几个待比较方案计算期的最小公倍数作为共同的计算期，并假定每一个方案都在这一共同的计算期内重复进行。例如，有两个备选方案，方案A的计算期为五年，方案B的计算期为六年，其计算期的最小公倍数为三十年。假定方案A需重复实施六次，方案B需重复实施五次，因此，只要计算出共同计算期内各方案的净现值，就可以认为其中净现值大于零且净现值大的方案为最优方案。

但是，由于技术在不断进步，同一方案反复实施的可能性不大，因此，这种方法在某些情况下并不符合实际，存在一定的局限性。

（二）分析期截止法

这种方法根据对未来市场状况和技术经济社会发展前景的预测，直接选取一个合适的分析期作为各方案共同的计算期，通过考察比较方案在分析期内的净现值来选择最优方案。在备选方案计算期比较接近的情况下，一般可直接取其中计算期最短的方案的计算期作为分析期。与此同时，还要对计算期比分析期长的方案在分析期末的固定资产残值进行估价，并在分析期末全部回收。用这种方法计算出的净现值用于互斥投资方案比较时，仍选其中净现值大于零且净现值最大的方案。

（三）净年值法和年值贴现法

净年值是通过资金等值计算将项目计算期内各年净现金流量分摊到每一年年末的等额年值，它是净现值的等价指标。在对计算期不同的方案进行比较时，净年值法可以说是一种最简单的方法，在备选方案较多时，尤为适用。

按净年值法来比较互斥投资方案时,应选择其中净年值大于零且净年值最大的方案。

为了便于理解,也可采用年值贴现法对计算期不同的方案进行比较。这种方法实际上是净年值法的一种变形,它是把各备选方案的净年值换算成某一共同计算期内的净现值,然后进行方案的比较和选择的方法。

在用年值贴现法求净现值时,共同计算期取值的大小不会影响方案比较和选择的结论,但共同计算期的取值一般不大于各方案中最长的方案计算期、不小于各方案中最短的方案计算期,大多数情况下可考虑采用最短的方案计算期作为共同的计算期。

用年值贴现法对计算期不同的方案进行比较时,仍应选择其中净现值大于零且净现值最大的方案。

在这里,作者仍有必要强调一下,本章所探讨的投资方案比较分析的方法是基于以下几点假设。

①投资决策以企业利润最大化为目标。

②现金流量是确定的,且都发生于每年年末,而不是在一年中呈现连续型分布。

③备选方案是互斥的。

④资本市场是完全的,投资所需的资金具有可得性。

⑤没有考虑人为和技术等其他影响投资决策的因素。

第五章　企业价值与期权价值评估

第一节　企业价值分析概述

企业价值分析是财务报表分析的重要内容之一，具有广泛的作用，也是现代财务分析的主要组成部分，是企业价值评估的基础。

企业价值分析对于我国企业尤其是上市公司在改善管理、实现不同主体的利益等方面具有重要的作用和意义，具体表现在以下几方面。

第一，能够确切地反映企业的真实价值。传统的账面价值忽略了企业资产的时间价值和机会成本，如生物制药、电信技术等领域的企业账面价值较低，而股票市价很高；一些拥有成套厂房设备但没有发展前景的企业，账面价值很高，而市场价值则较低。价值分析则能够较好地反映企业的真实价值。

第二，为资本市场及资本运作的完善和发展提供了条件。近年来，我国资本市场获得了快速发展。企业的资产重组和并购等活动都是在企业价值分析的基础上进行的，因此，企业价值分析可促进资本市场及资本运作的规范化发展。

第三，可有效地帮助企业改善管理现状。企业不能只注重筹集资金，不注重经营管理和经营业绩，企业可以以价值分析为手段规范企业的经营管理。

企业的价值主要有账面价值、市场价值和公允价值等形式。账面价值指某科目（通常是资产类科目）的账面余额减去相关备抵项目后的净额，如应收账款账面余额减去相应的坏账准备后的净额为账面价值。账面价值是会计核算中账面记载的资产价值。这种估价方法不考虑现时资产市场价格的波动，也不考虑资产的收益状况，因而是一种静态的估价标准。账面价值取数方便，但是其缺点是只考虑了各种资产在入账时的价值而脱离现实的市场价值。资产的账面价值通常是该项资产的成本减去累计折旧或其他资产减损后的金额，很多情况下与其市场价值和经济价值有很大差别，而后者是资产真实价值更准确的度量，所以当公司出售资产时，定价往往不是其账面价值，而是根据市场价值或经济价值重新评估后形成的价格。若售价高于账面价值，会给公司带来盈利，低于账面价值时就会给公司带来亏损。

市场价值是该资产现时在市场上实际所值的价格，如以股份全部流通的上市公司为例讨论企业的市场价值。对于这一类企业而言，企业的市场价值就是企业在股票市场上的市值。

公允价值亦称公允市价、公允价格，是熟悉情况的买卖双方在公平交易的条件下所确定的价格，或无关联的双方在公平交易的条件下一项资产可以被买卖的成交价格。在购买法下，购买企业对合并业务的记录需要运用公允价值的信息。公允价值的确定，需要依靠会计人员的职业判断。在实务中，通常由资产评估机构对被并企业的净资产进行评估。企业净资产公允价值的确定方法有如下要求。

①有价证券按当时的可变现净值确定。

②应收账款及应收票据按将来可望收取的数额，以当时的实际利率折现的价值减去估计的坏账损失及催收成本确定。

③完工产品和商品存货，按估计售价减去变现费用和合理的利润后的余额确定。

④在产品存货，按估计的完工后产品售价减去至完工时尚需发生的成本、变现费用以及合理的利润后的余额确定。

⑤原材料按现行重置成本确定。

⑥固定资产应分不同情况进行处理：对尚可继续使用的固定资产，按同类生产能力的固定资产的现行重置成本计价，除非预计将来使用这些资产会对购买企业产生较低的价值；对于将要出售或持有一段时间（但未使用）后再出售的固定资产，按可变现净值计价；对于暂使用一段时间然后出售的固定资产，在确认将来使用期的折旧后，按可变现净值计价。

⑦对专利权、商标权、租赁权、土地使用权等可辨认无形资产按评估价值计价，商誉按购买企业的投资成本与所确认的公允价值之间的差额确定。

⑧其他资产，如自然资源、不能上市交易的长期投资按评估价值确定。

⑨应付账款、应付票据、长期借款等负债，按未来需支付数额采用当时利率折现所得的金额确定。

⑩或有事项和约定义务，如不利的租赁协议所引起的付款、合同对企业的约束等，都应加以充分地估计，并按预计支付的数额以当时的实际利率折现的现值计价。

只要某项可辨认资产和负债是被并企业的，都需对其确定公允价值，如企业的研究开发成本、行动计划成本、开发某配方成本，等等。

企业价值基于企业的盈利能力。企业之所以能够存在价值并且能够进行交易是由于它们所具有的产生利润（现金流）的能力。与企业的定义及其内涵相对应，从企业价值评估的具体对象范围的角度来看，企业价值又可划分为企业整体价值、企业股东权益价值、企业股东部分权益价值等。

通过上面的讨论，可以得到如下启示。

①企业价值是以企业的内在价值为基础的。企业的内在价值体现了企业未来的收益能力，也就是企业价值的理论价值。

②企业价值在市场交易中表现为公允市场价值。在完全交易市场存在的情况下，公允市场价值可以说是企业最客观的企业价值，是买卖双方都愿意接受的公平价值。

③清算价值可以看作公允市场价值的特例，是在一定程度的买方垄断条件下的市场价

值，是在尽快将企业资产变现、偿债的压力下表现出来的企业价值，通常清算价值低于公允市场价值。

④账面价值只是反映企业取得各种资产的历史成本，虽然有助于评估人员对企业价值做出粗略的判断，但原则上不能作为评估的依据。

⑤现实的市场是不完美的，所以在现实条件下，企业价值应该是企业在特定的时间、地点和条件的约束下所具有的持续获利能力的估价。在评估信息披露时，必须准确限定价值的具体条件和具体类型的内涵。

所以，应将企业价值界定为：企业未来的持续获利能力，在市场上表现为公允市场价值。而与此紧密联系的企业价值评估，就是专业技术人员对企业价值的估算行为或过程，是把由多个单项资产组成的资产综合体即企业作为评估客体，围绕影响企业内在价值未来获利能力的因素进行评估，评估的目的通常是产权交易，得出公允市场价值。

第二节　企业价值财务指标分析

企业的价值是该企业预期自由现金流量以其加权平均资本成本为贴现率折现的现值，它与企业的财务决策密切相关，体现了企业资金的时间价值、风险以及持续发展能力。扩大到管理学领域，企业价值可定义为企业遵循价值规律，通过以价值为核心的管理，使所有企业利益相关者（包括股东、债权人、管理者、普通员工、政府等）均能获得满意回报的能力。显然，企业的价值越大，企业给予其利益相关者回报的能力就越强，而这个价值是可以通过其经济定义加以计量的。

一、自由现金流分析

自由现金流是一种财务方法，用来衡量企业实际持有的能够回报股东的现金，该现金指在不危及公司生存与发展的前提下可供分配给股东的最大现金额。

自由现金流作为一种企业价值评估分析的概念、理论、方法和体系，最早是由美国西北大学拉巴波特、哈佛大学詹森等学者于20世纪80年代提出的。经历20多年的发展，特别是在以美国安然、世通等为代表的之前在财务报告中利润指标完美无瑕的所谓绩优公司纷纷破产后，自由现金流已成为企业价值评估分析领域使用最广泛、理论最健全的指标，美国证监会更是要求公司年报中必须披露这一指标。

由企业价值的定义可知，企业价值与企业自由现金流量正相关。也就是说，同等条件下，企业的自由现金流量越大，它的价值也就越大。人们把以提升企业价值为目标的管理定义为企业价值管理。企业价值指标是国际上各行业领先企业所普遍采用的业绩考评指标，而自由现金流量正是企业价值的最重要变量。企业价值和自由现金流量因其本身具有的客观属性，正在被越来越广泛的领域用来替代传统的利润、收入等考评指标，成为现代企业必须研究的课题。

自由现金流在经营活动现金流的基础上考虑了资本型支出和股息支出。尽管有人可能会认为股息支出并不是必需的，但是这种支出是股东所期望的，而且是以现金支付的。自由现金流等于经营活动现金。

自由现金流表示的是公司可以自由支配的现金。如果自由现金流丰富，则公司可以偿还债务、开发新产品、回购股票、增加股息支付。同时，丰富的自由现金流也使得公司成为并购对象。

自由现金流量可分为企业整体自由现金流量和股权自由现金流量。整体自由现金流量是指企业扣除了所有经营支出、投资需要和税收之后的，在清偿债务之前的剩余现金流量；股权自由现金流量是指企业扣除所有开支、税收支付、投资需要以及还本付息支出之后的剩余现金流量。整体自由现金流量用于计算企业整体价值，包括股权价值和债务价值；股权自由现金流量用于计算企业的股权价值。股权自由现金流量可简单地表述为"利润＋折旧－投资"。

科普兰教授更是比较详尽地阐述了自由现金流量的计算方法："自由现金流量等于企业的税后净营业利润（即将公司不包括利息收支的营业利润扣除实付所得税税金之后的数额）加上折旧及摊销等非现金支出，再减去营运资本的追加和物业厂房设备及其他资产方面的投资。它是公司所产生的税后现金流量总额，可以提供给公司资本的所有供应者，包括债权人和股东。"

自由现金流量有两种表现形式：股权自由现金流量和公司自由现金流量。股权自由现金流量是公司支付所有营运费用、再投资支出、所得税和净债务（即利息、本金支付减发行新债务的净额）后可分配给公司股东的剩余现金流量，其计算公式为：

股权自由现金流量
＝净收益＋折旧－资本性支出－营运资本追加额－债务本金偿还＋新发行债务

公司自由现金流量是公司支付了所有营运费用、进行了必需的固定资产与营运资产投资后可以向所有投资者分派的税后现金流量。公司自由现金流量是公司所有权利要求者，包括普通股股东、优先股股东和债权人的现金流总和，其计算公式为：

公司自由现金流量＝息税前利润×（1－税率）＋折旧－资本性支出－追加营运资本

以现金流量折现模型为例，被投资企业的价值分析包含以下步骤。

①预测绩效与自由现金净流量，包括：计算扣除调整后的营业净利润与投资成本；计算价值驱动因素；分析企业财务状况；了解企业的战略地位及产品的市场占有率；制订绩效前景；预测个别详列科目；检验总体预测的合理性和真实性。应该说，将企业经过审计的现金流量表进行明细科目的细化分析，结合企业经营的历史、现状和预测分析所得出的企业预计现金流量表，应该具有较高的科学性和准确性，以此为基础计算出的自由现金净流量的可信程度是很高的。

②估测折现率，包括：权益性资金成本估算、负债性资金成本估算、确定目标市场价值权数、根据机会成本要求最低企业资金利润率，从而合理选定折现率。

③估测连续价值，包括：选择预测期限、估计参数、连续价值折现。

价值分析工作主要取决于人们对企业、对其所在行业及普遍的经济环境的了解。选择正确的方法是价值分析过程中的重要方面,更重要的是拥有齐全的历史财务、统计数据,只有采用科学的态度去认真分析和预测,才能避免误区,得到真实可靠的结论。

自由现金流量法分析的基石是未来的自由现金流量和折现率。但它的使用要有一定的假设,即公司在被估价时有正的现金流,并且未来的现金流可以较可靠地加以估计,同时人们又能根据现金流相关特征确定恰当的折现率。具备这些假设条件就适合运用自由现金流量折现法。但现实情况与模型的假设条件往往大相径庭,特别是对于以下几类公司,自由现金流量运用存在其局限性。

①陷入财务困境的公司。其当前的收益和自由现金流量一般为负,并很难断定何时公司会走出困境,而且公司有可能走向破产。对这类公司估计现金流量十分困难。

②拥有未被利用资产的公司。自由现金流量折现法反映了产生现金流资产的价值。如果有资产未被利用,则其价值未体现在现金流中。如果有资产未被充分利用,也会产生类似问题,只是程度不同。通常可以单独获得此类资产的价值,然后把它加到计算出的价值中。从这个方面可以理解为什么上市公司的市盈率偏高,因为上市公司普遍管理水平较低,企业盈利水平未能充分反映其潜在的盈利能力。

③拥有未利用专利或产品选择权的公司。它们在当前并不产生任何现金流量,预计近期也不能产生现金流量,但不能否认专利或选择权所具有的价值。关于这个问题,可以在公开市场上对这些资产进行估价,然后将其加入现金流量折现模型估价之中。

④涉及并购事项的公司。对涉及并购的公司,至少要解决两个重要问题。首先,并购是否会产生协同效应?协同效应的价值是否可以估计?如果可以单独估计,应将其单独估计,但这种估计极为主观。其次,公司管理层变动对公司现金流量和风险的影响。在敌意并购导致的目标公司管理层大范围离职时,尤其应注意其影响。

⑤非上市公司。最大的问题在于非上市公司的风险难以度量,从而难以确定适当的折现率。因为多数风险—收益模型要求根据被分析资产的历史价格来估算风险参数。由于非上市公司的股票不在公开市场上交易,所以这一要求无法满足。解决方法之一就是考察可比上市公司的相关数据。

上述局限性的存在,给企业价值分析带来较大困难。要想正确使用自由现金流量对企业的价值进行分析,必须充分考虑公司自由现金流量产生的基本因素及其对预期自由现金流量的影响,因此在实际运用时,自由现金流量非常依赖与公司相关的一切财务信息,甚至需要一些非财务报表信息。

二、每股收益分析

每股收益又称每股税后利润、每股盈余,指税后利润与股本总数的比率。它是测定股票投资价值的重要指标之一,也是综合反映公司获利能力的重要指标。该比率反映了每股创造的税后利润,比率越高表明所创造的利润越多。每股收益指标计算公式为:每股收益 = 期末净利润 / 期末总股本。计算时要注意如下问题。

第一,在计算归属于普通股股东的当期净利润时,应当考虑公司是否存在优先股。如果不存在优先股，那么当期净利润就是归属于普通股股东的当期净利润。如果存在优先股，在优先股是非累积优先股的情况下，应从公司当期净利润中扣除当期已支付或宣告的优先股股利；在优先股是累积优先股的情况下，公司净利润中应扣除至本期止应支付的股利，再计算普通股每股收益。

第二，如果公司存在潜在普通股，首先应判断潜在普通股是否具有稀释性。如果潜在普通股不具有稀释性，那么公司只需计算基本每股收益；如果潜在普通股具有稀释性，公司还应当根据具有稀释性的潜在普通股的影响，分别调整归属于普通股股东的当期净利润以及当期发行在外普通股的加权平均数，据以计算稀释的每股收益。

这里涉及潜在普通股的概念和潜在普通股是否具有稀释性的判定。所谓潜在普通股是赋予其持有者在报告期或以后期间享有取得普通股权利的一种金融工具或其他合同，如可转换公司债券、期权、认股权证等。随着股票交易方式的发展，还会出现新的交易方式，只要是会影响普通股股数的，都称为潜在普通股。

在衡量潜在普通股是否具有稀释性时，我国的每股收益准则采用了国际会计准则中的规定，即将是否会减少每股持续正常经营净利润作为衡量潜在普通股是否具有稀释性的尺度。持续正常经营净利润是指在扣除优先股股利和与非持续经营有关的项目后的正常经营净利润，不包括会计政策变更及重大会计差错更正的影响。该项目应结合"终止经营""财务报告的列报"及"会计政策、会计估计变更及会计差错更正"准则要求提供的信息综合考虑。

如果潜在普通股转换成普通股会增加持续正常经营每股收益或减少持续正常经营每股亏损，则该潜在普通股是具有反稀释性的。在计算稀释的每股收益时，只考虑具有稀释性的潜在普通股的影响，不考虑具有反稀释性或不具有稀释性的普通股的影响。

第三，稀释的每股收益的计算。计算稀释的每股收益时，应对基本每股收益的分子和分母进行调整。就分子而言，当期可归属于普通股股东的净利润，应根据下列事项的税后影响进行调整：当期已确认为费用的稀释性潜在普通股的利息；稀释性的潜在普通股转换时将产生的收益或费用，这里主要是指可转换公司债券。

以前发行的稀释性潜在普通股应视为已在当期期初转换为普通股，本期发行的潜在普通股应视为在发行日转换成普通股。对分母的调整主要涉及期权和认股权证。具有稀释性的期权和认股权证不影响归属于普通股的净利润，只影响普通股的加权平均数。只有当行权价格低于平均市场价格时，股票期权和认股权证才具有稀释性。在计算时，应假定已行使该期权，因此发行的普通股股数包括两部分：第一部分是按当期平均市场价格发行的普通股，不具有稀释性，计算稀释的每股收益时不必考虑；第二部分是未取得对价而发行的普通股，具有稀释性，计算稀释的每股收益时应当加到普通股股数中。

每股收益仅仅代表的是某年每股的收益情况，基本不具备延续性，因此不能够将它单独作为判断企业成长性的指标。企业在配送股票股利时会改变总股本。如果总股本发生变化，每股收益也会发生相反的变化。我国一些企业就有这种表现，即在每股收益逐年递减的同时，净利润却一直保持着10%以上的增长率。

三、市盈率分析

市盈率是一个反映股票收益与风险的重要指标，也称市价盈利率。它是用当前每股市场价格除以该公司的每股税后利润得出的，其计算公式为：

市盈率 = 普通股每股市场价格 / 普通股每年每股盈利

上式中的分子是当前的每股市价，分母可用最近一年盈利，也可用未来一年或几年的预测盈利。市盈率是估计普通股价值的最基本、最重要的指标之一。

市盈率法是指以行业平均市盈率来估计企业价值的方法。按照这种估价法，企业的价值源于可比较资产或企业的定价。这里假设，同行业中的其他企业可以作为被估价企业的"可比较企业"，平均市盈率所反映的企业绩效是合理而正确的。市盈率估价法通常被用于对未公开化企业或者刚刚向公众发行股票的企业进行估价。

市盈率是最常用的评估股价水平是否合理的指标之一，由股票价格除以年度每股盈余得出。计算时，股票价格通常用收盘价，而每股盈余方面，若按已公布的上年度每股盈余计算，称为历史市盈率；若是按市场对今年及明年每股盈余的预估值计算，则称为未来或预估市盈率。计算预估市盈率所用的每股盈余预估值，一般采用市场平均预估，即追踪公司业绩的机构通过收集多位分析师的预测所得到的预估平均值或中值。

市盈率对个股、类股及大盘来说都是很重要的参考指标。任何股票若市盈率大大超出同类股票或大盘，都需要有充分的理由支持，而这往往离不开该公司未来盈利快速增长这一重点。一家公司享有非常高的市盈率，说明投资者普遍相信该公司未来每股盈余将快速成长，以至数年后市盈率可降至合理水平。一旦盈利增长不理想，支撑高市盈率的力量无以为继，股价往往会大幅回落。

在投资分析时，市盈率和每股盈余都相当重要，由于市盈率乘以每股盈余可以得到股票价格，于是常利用这一关系求得股票应有的价格，股票价格经常反映投资者对公司未来预期的盈余。通常市盈率数值愈低股票愈具有投资价值，至于数值应该多少适合买进，并没有一定的理论，一般较有经验的投资者在 10~15 买卖。但是在实际进行投资时，仍须考虑其他影响股价和盈余的客观因素。

市盈率是很具参考价值的股市指标，容易理解且数据容易获得，但也有不少缺点。比如，作为分母的每股盈余，是按当下通行的会计准则算出，但公司往往根据需要斟酌调整，因此理论上两家现金流量一样的公司，所公布的每股盈余可能有显著差异。另一方面，投资者往往不认为严格按照会计准则计算得出的盈利数字忠实反映了公司在持续经营基础上的获利能力。因此，分析师往往自行对公司正式公布的净利加以调整，比如以未计利息、税项、折旧及摊销之利润取代净利润来计算每股盈余。

另外，作为市盈率的分子，公司的市值也无法反映公司的负债（杠杆）程度。比如，两家市值同为 10 亿元、净利润同为 1 亿元的公司，市盈率均为 10。但如果 A 公司有 10 亿元的债务，而 B 公司没有债务，那么，市盈率就不能反映此差异。因此，有分析师以"企业价值"——市值加上债务减去现金取代市值来计算市盈率。

四、股利发放率分析

股利发放率指标反映普通股股东从每股的全部净收益中分得多少,就单独的普通股投资者来讲,这一指标比每股净收益更能直接体现当前利益。股息发放率高低要依据各公司对资金需要量的具体要求而定。股息发放率高低取决于公司的股利支付策略,公司要综合考虑经营扩张资金需求、财务风险高低、最佳资本结构来决定支付股利的比例。

$$股利发放率=(每股股利/每股净收益)\times 100\%$$

从理论上讲,股利发放率的高低不会影响企业价值,但会影响投资者的投资决策。有投资者偏好现金股利的分配,也有投资者愿意把收益用于企业的扩大投资,以期在将来获得更多的收益,这时股利发放率就低。

五、市净率分析

市净率指的是每股股价与每股净资产的比率。市净率可用于投资分析。每股净资产是股票的账面价值,它是用成本计量的;而每股市价是这些资产的现在价值,它是证券市场上交易的结果。市价高于账面价值时企业资产的质量较高,有发展潜力,反之则资产质量差,没有发展前景。优质股票的市价都超出每股净资产许多。一般来说,市净率达到3可以树立较好的公司形象。市价低于每股净资产的股票,就像售价低于成本的商品一样,属于"处理品"。当然,"处理品"也不是没有购买价值,问题在于该企业今后是否有转机,或者购入后经过资产重组能否提高获利能力。市净率是市价与每股净资产之间的比值,比值越低意味着风险越低。市净率的计算公式为:

$$市净率=每股市价/每股净资产$$

净资产的多少是由企业经营状况决定的。企业的经营业绩越好,其资产增值越快,股票净值就越高,因此股东所拥有的权益也越多。

一般来说,市净率较低的股票,投资价值较高,相反则投资价值较低。但在判断投资价值时还要考虑当时的市场环境以及公司经营情况、盈利能力等因素。

六、每股经营现金流分析

每股经营现金流是指用公司经营活动的现金流入(收到的钱)减去经营活动的现金流出(花出去的钱)的数值除以总股本,计算公式为:

$$每股经营现金流=(经营现金流量净额-优先股股利)/年度末普通股总股本$$

每股经营现金流的正负各代表收益与亏损。每股经营现金流是最具实质性的财务指标,反映公司经营中流入现金的多少。如果一个公司的每股收益很高,但是现金流差的话,那么就意味着该上市公司没有足够的现金来保障股利的分红派息,每股收益只是报表上的数字而已,并没有实际的意义。

每股经营现金流主要反映平均每股所获得的现金流量,隐含了上市公司在维持期初现金流量的情况下,能够发给股东的最高现金股利金额。如果公司现金流强劲,在很大程度上表明其主营业务收入回款力度较大、产品竞争力强、公司信用度高、经营发展有潜力。上市公司股票价格是由公司未来的每股收益和每股现金流量的净现值决定的。盈亏已经不是决定股票价值唯一的重要因素。单从财务报表所反映的信息来看,现金流量逐渐取代净利润成为评价公司股票价值的一个重要标准。但应该注意的是,经营活动现金净流量并不能完全替代净利润来评价企业的盈利能力,每股现金流量也不能替代每股净利润的作用。

七、每股账面价值分析

每股账面价值也称"每股净资产额",是股东权益总额与发行股票的总股数的比率。将每股账面价值与股票面值相比较,可以看出公司经营状况的好坏。每股账面价值的计算公式为:

$$每股账面价值 = 股东权益总数 / (优先股数 + 普通股数)$$

每股账面价值指标反映每股所含的资产价值,即股票市价中有实物作为支持的部分。股票的市场价格通常高于其账面价值。

八、现金股利保障倍数分析

现金股利保障倍数是指经营活动净现金流量与现金股利支付额之比。支付现金股利率越高,说明企业的现金股利占结余现金流量的比重越小,企业支付现金股利的能力越强。现金股利保障倍数的计算公式为:

$$现金股利保障倍数 = (每股营业现金净流量 / 每股现金股利) \times 100\%$$

该指标表明企业用年度正常经营活动所产生的现金净流量来支付股利的能力,比率越大,表明企业支付股利的现金越充足,企业支付现金股利的能力也就越强。该指标还体现了支付股利的现金来源及其可靠程度,是对传统的股利支付率的修正和补充。

第六章 产品成本计算方法

本章介绍产品成本计算的三种基本方法：以产品品种为成本计算对象的品种法、以产品批次为成本计算对象的分批法和以产品步骤为成本计算对象的分步法。其中，品种法是最基本的成本计算方法。

第一节 产品成本计算的品种法

品种法是最基本的成本计算方法，是指将产品的品种作为成本计算对象，归集生产费用，计算产品成本的方法。它适用于具有单步骤工艺过程的大量、大批生产组织特点的企业，例如发电、采掘等；也适用于具有多步骤工艺过程的大量、大批生产组织特点，但因生产车间从原材料地投入到产品的产出是封闭生产，或者因生产规模较小，在管理上不要求按生产步骤计算产品的造纸厂、水泥厂等。

一、品种法的特点

品种法的特点主要表现在成本计算对象、成本计算期和生产费用的分配三个方面。

（一）成本计算对象

品种法将产品的品种作为成本计算对象。采用品种法计算产品成本的企业或车间，如果只生产一种产品，成本计算对象就是这种产品。计算成本时，只需开设一张成本计算单，发生的生产费用可根据费用凭证直接计入成本计算单。如果生产多种产品，成本计算对象就是各种产品，应该按产品品种分别开设成本计算单。各种产品分别发生的费用可根据费用凭证分别计入各种产品的成本计算单，几种产品共同发生的费用则要采用适当方法在各种产品之间进行分配，根据分配表计入各种产品的成本计算单。

（二）成本计算期

品种法适合大批量产品生产的企业。由于产品的生产总是连续不断地进行着，完工产品不断地产出，新的产品不断地投入生产，从理论上讲，产品成本的计算应该和其生产周期一致，当产品生产出来的时候，其成本也就形成了。但是，在这种大批量生产的情况下，不可能按照完工产品随时计算成本，因此，通常人为地确定成本计算期，为了与会计报告期相一致，通常按月计算产品成本，使其成本与当月的销售收入相配比。

（三）生产费用的分配

采用品种法应于月末计算成本。月末如果没有在产品，或者在产品数量很少，不需要计算月末在产品成本，各种产品的成本计算单内按成本项目归集的全部生产费用就是该产品的总成本。如果月末有在产品，而且数量较多，则应将成本计算单内归集的生产费用按照适当的分配方法在完工产品与月末在产品之间进行分配，以便计算出完工产品和月末在产品的成本。

二、品种法的成本计算程序

①编制费用分配汇总表。根据各种原始凭证编制费用分配汇总表，分配各项要素费用。

②将生产费用计入相关明细账户。根据会计分录及所附的费用分配汇总表将发生的生产费用计入"基本生产成本""辅助生产成本""制造费用"等账户。

③辅助生产费用的归集和分配。根据辅助生产各明细账户归集的费用编制辅助生产费用分配表，按受益程度进行分配后，将辅助生产费用分配转入"基本生产成本""制造费用""管理费用"等账户。

④制造费用的归集和分配。根据"制造费用"各明细账户归集的费用编制制造费用分配表，按各受益产品的受益程度进行分配后，将制造费用转入"基本生产"各明细账户。

⑤结转完工产品成本。根据按产品品种设置的"基本生产"各明细账户归集的生产费用，在完工产品和月末在产品之间进行分配，通过编制产品成本计算表，计算完工产品和月末在产品的成本及完工产品的单位成本，并将完工产品成本从"基本生产成本"的明细账户转入"库存商品"明细账户。

三、品种法的举例

某设备制造厂有一个基本生产车间，大量生产甲、乙两种产品。该厂还有修理车间和供气车间两个辅助生产车间，为全厂提供修理服务和蒸汽。由于辅助生产车间规模不大，辅助生产车间没有设置"制造费用"账户。某年6月份有关生产费用的资料和产品生产成本核算的内容如下所述。

（一）各项要素费用的分配

根据各种费用支出原始凭证，编制费用分配汇总表，并进行账务处理。

①根据领、退料原始凭证编制材料费用分配汇总表。

②根据工资结算汇总表，编制职工薪酬分配表。

③根据外购动力原始凭证资料，编制外购动力费用分配表。

④根据各车间、部门月初固定资产的期初余额计算的折旧额，编制折旧费用分配表。

⑤根据待摊或预付费用明细账，编制待摊或预付费用分配表。

⑥根据租赁设备的需要，编制预提费用分配表。

⑦根据本月份银行存款付款凭证汇总编制银行存款支付各种费用汇总表。

（二）辅助生产费用的归集和分配

根据上述费用要素分配的会计分录，分别登记"基本生产成本""辅助生产成本""制造费用"等明细账户。月末在计算产品成本时，先要将归集的辅助生产费用进行分配，根据本例前面的会计分录登记辅助生产明细账。

（三）制造费用的归集和分配

根据要素费用和辅助生产费用分配结果，登记"制造费用"。

（四）计算并结转完工产品成本

①登记"基本生产成本"明细账。
②编制产品成本计算表。
③根据完工成本汇总表结转完工产品成本。

上述成本计算，按成本项目提供了完工产品的总成本和单位成本，可以反映产品成本的构成。如果某些费用在成本中占较大比重，也可以单独列项，如废品损失、停工损失等，这样可以更清晰地揭示影响产品成本升降的原因，为成本分析和成本控制奠定基础。

第二节 产品成本计算的分批法

分批法又称订单法，是指将产品生产的批别或订单作为成本计算对象，归集生产费用，计算产品成本的方法。

分批法适用于具有多步骤工艺过程的单件、小批生产组织特点的机器制造、服装等企业，以及企业新产品的试制，工具、模具的制造。这些企业的共同特点是一批产品通常不重复生产，即使重复生产也是不定期的。因为这类企业生产产品的品种、规格及批量是按照购货单位的订单来确定的。由于每份订单所订购产品的品种、规格不同，所以生产工艺过程各异，企业是按照购货单位订单的要求分批组织生产，因此就需要计算各批产品的成本。

一、分批法的特点

分批法的特点主要表现在成本计算对象、成本计算期和生产费用的分配三个方面。

（一）成本计算对象

分批法的成本计算对象就是产品的批别（单件生产为件别）。在小批和单件生产中，产品的种类和每批产品的批量，大多是根据购买单位的订单确定的，因而需要按批、按件计算产品成本，一般也就是按照订单计算产品成本。

如果在一张订单中规定了几种产品，或虽然只有一种产品但其数量较大而又要求分批交货时，可以将一张订单按照产品品种划分批别组织生产，或将同类产品划分数批组织生产，计算成本。

如果在一张订单中只规定了一件产品，但其属于大型复杂的产品，价值较大，生产周期较长，如大型船舶制造，也可以按照产品的组成部分分批组织生产，计算成本。

如果在同一时期，企业接到几张不同购货单位要求生产同一种产品的订单，为了经济合理地组织生产，也可以将几张订单合并为一批组织生产，计算成本。在这种情况下，分批法的成本计算对象就不是购货单位的订单，而是企业生产计划部门签发下达的生产任务通知单，单内应对该批生产任务进行编号，称为产品批号或生产令号。会计部门应根据产品批号设立产品成本明细账，生产费用发生后，按产品批别进行归集，除了直接计入费用可直接计入，间接计入费用则要采用适当的分配方法，在各批产品之间进行分配，然后计入各产品成本。

（二）成本计算期

由于分批法一般按订单进行成本核算，而一个订单完工之后就应该计算这批产品的成本，各批产品成本明细账的设立和结算应与生产任务通知单的签发和结束密切配合、协调一致，即各批或各订单产品的成本在其完工以后计算确定。因而分批法下产品成本计算是不定期的，产品没有完工就不计算成本，有产品完工的时候就要及时计算完工产品的成本，因此分批法的成本计算期与产品的生产周期基本一致。

（三）生产费用的分配

在小批、单件生产下，由于成本计算期与产品的生产周期一致，因而在月末计算产品成本时，一般不存在在完工产品与在产品之间分配费用的问题。在单件生产中，产品完工前，产品成本明细账所记的生产费用就是在产品成本；产品完工时，产品成本明细账所记的生产费用就是完工产品的成本。

在小批生产中，由于产品批量较小，批内产品一般都能同时完工，或者在相距不久的时间内全部完工。月末计算成本时，批内产品或是全部已经完工或是全都没有完工，因而一般也不存在在完工产品与在产品之间分配费用的问题。但如批内产品有跨月陆续完工、分期交货的情况，即一部分产品已完工交货，另一部分产品尚未完工，这时就有必要在完工产品与在产品之间分配费用，以便计算完工产品成本和月末在产品成本。批内产品跨月陆续完工，月末完工产品数量占批量比重较大时，为了提高成本计算的正确性，则应采用适当的方法，在完工产品与月末在产品之间分配费用，计算完工产品与月末在产品成本，并考虑对当期损益的影响。为了使同一批产品尽量同时完工，避免跨月陆续完工的情况，减少在完工产品与月末在产品之间分配费用的工作，在合理组织生产的前提下，可以适当缩小产品的批量。

二、分批法的成本计算程序

分批法的成本计算程序与品种法基本相同，所不同的是品种法按产品品种设置"基本生产成本"明细账户，按产品的品种归集生产费用；而分批法按产品生产批别设置"基本生产成本"明细账户，按产品生产的批别归集生产费用。

三、简化的分批法

在单件、小批生产的企业或车间中，如果各月投产的产品批别很多、生产周期长、月末未完工产品的批别较多，将当月发生的间接计入生产费用全部分配给各批产品，核算的工作量必然很大。为了简化这些企业间接计入生产费用分配的核算，可以采用不分批计算在产品成本的简化分批法。

简化的分批法，其特点就是直接属于各批产品的费用直接计入各批产品成本的明细账，而间接分配计入的费用在该批产品完工的时候才分配计入，这样就可以在一定程度上减少月末各项费用分配的工作量。该方法适用于同一月份投产的批数很多且月末完工的批数也很多、各月间接计入费用水平相差不多的情况。

（一）简化分批法的主要特点

第一，增设基本生产成本二级账。基本生产成本二级账的作用是按月提供企业或车间全部产品的累计生产费用和生产工时资料，所以二级账中不仅要按成本项目反映全部产品的月初在产品费用、本月生产费用和累计生产费用，还要登记全部产品的月初在产品生产工时、本月生产工时和累计生产工时。

第二，间接费用分配简化。各批产品的间接费用在基本生产成本二级账中累计起来，在有产品完工的月份，才根据累计间接费用分配率分配计算完工产品成本和月末在产品总成本；无产品完工的月份，不分配间接计入费用。

第三，在产品成本明细账和基本生产成本二级账中增设生产工时专栏，以反映各批产品的累计生产工时情况。

（二）简化分批法的成本计算程序

①设置基本生产成本二级账，账中除了成本项目，设生产工时专栏，登记全部产品（各批之和）各成本项目累计生产费用、累计工时。

②按批号设产品成本明细账。账中按成本项目只登记该批产品的月初及本月累计直接费用和生产工时，并且与二级账平行登记。间接费用不按月登记分配，登记依据是各种费用分配明细表和有关的工时记录。

③月末如有完工产品，应根据基本生产成本二级账中的累计间接费用和累计生产工时，计算累计间接计入费用分配率。

④根据各批完工产品的累计工时和累计间接计入费用分配率，计算各批完工产品应分配的某项间接费用，并将其汇总计算出完工产品的成本。

⑤将计算出的产成品成本从基本生产成本二级账和明细账中转出,本月未完工的产品,本月不分配间接费用,仍留在二级账中。只有该批产品完工的月份,才计算完工产品成本。在产品成本以总额反映在二级账中。明细账中,如果有产品完工的月份,除了登记直接费用和直接工时,还应根据二级账中的累计间接费用分配率计算结果登记间接费用。

⑥根据产品成本明细账中登记的完工产品生产工时和应负担的间接计入费用,汇总登记二级账中应转出的完工产品成本和生产工时数。二级账中直接费用、生产工时由各批号产品成本明细账汇总而来,二级账中的间接费用可由分配率计算登记,也可由各批号产品成本明细账汇总登记。

⑦根据产品成本明细账和产品入库单,编制产成品入库的会计分录。

各批产品成本明细账登记完毕,其中完工产品的直接材料费用和生产工时应分别汇总计入基本生产成本二级账,并据以计算各批全部完工产品的总成本。

采用简化分批法,由于将间接费用的横向分配和纵向分配工作合并到一起,只在产品完工时进行,因而大大简化了生产费用分配和登记的工作。月末未完工产品的批数越多,核算工作就越简化。但是由于各批未完工产品成本明细账中只登记直接材料费用,因而不能完整地反映各批未完工产品的在产品成本。同时由于间接费用是按照完工月份的累计分配率一次分配计入完工产品的,当各月间接费用水平相差很大时,就会影响各月在产品成本计算的正确性。另外,如果月末完工产品的批数不多,不能达到简化成本计算的目的,还会影响成本计算的正确性。

第三节 产品成本计算的分步法

分步法是按照产品的生产步骤归集生产费用,计算产品成本的一种方法。它主要适用于大量、大批的多步骤生产,因为在这些企业中,产品生产可以分为若干个生产步骤。例如,纺织企业生产可分为纺织、织布、漂染等步骤;冶金企业生产可分为炼铁、炼钢、轧钢等步骤;机器制造企业可分为铸造、加工、装配等步骤。为了加强成本管理,不仅要按照产品品种归集生产费用,计算产品成本,而且要按照产品的生产步骤归集生产费用,计算各步骤产品成本,提供反映各种产品及其各生产步骤成本计划执行情况的资料。分步法是指将产品的生产步骤作为成本计算对象,归集生产费用,计算各步骤半成品和最终步骤产成品成本的方法。

一、分步法的特点

分步法的特点主要体现在成本计算对象、成本计算期和生产费用的分配三个方面。

(一)成本计算对象

分步法以各种产品半成品所经过的各生产步骤为成本计算对象,按产品的各生产步骤设置"基本生产成本"明细账户归集生产费用。对于各生产步骤产品所耗费的直接费用,应直接计入各生产步骤的"基本生产成本"明细账户;对于各生产步骤共同发生的间接计入费用,应采用适当的方法在各生产步骤之间进行分配,然后分别计入各生产步骤的"基本生产成本"明细账户。

在实际工作中,产品成本计算的分步与产品生产步骤的划分不一定完全一致。例如,在按生产步骤设立车间的企业中,一般来讲,分步计算成本也就是分车间计算成本。如果企业生产规模很大,车间内又分成几个生产步骤,而管理上又要求分步计算成本时,也可以在车间内再分步计算成本;相反,如果企业规模很小,管理上也不要求分车间计算成本,也可将几个车间合并为一个步骤计算成本。总之,应根据管理的要求,本着简化计算的原则,确定成本计算对象。

(二)成本计算期

在具有多步骤生产工艺过程的企业中,原材料连续投入,各生产步骤的产品连续不断地向下一生产步骤移动,直至产成品完工验收入库。为了使生产能有条不紊地持续进行,在生产过程中各个生产步骤必须保持一定数量的在产品,这样每个月均有半成品、产成品和在成品,因此在月末就需要计算产品成本。成本计算期与会计报告期是一致的,而与生产周期是不同的。

(三)生产费用的分配

由于具有多步骤生产工艺过程的企业每个生产步骤月末均有一定数量的在产品、半成品或产成品,因此按生产步骤归集的生产费用,在月末应采用适当的分配方法,在未完工的在产品与半成品或完工产品之间进行分配。

由于各个企业生产工艺过程的特点和成本管理对各步骤成本资料的要求(要不要计算半成品成本)不同,各生产步骤成本的计算和结转采用两种不同的方法,即逐步结转和平行结转,因而产品成本计算的分步法也就相应地分为逐步结转分步法和平行结转分步法两种。

由于产品生产是分步骤进行的,上一步骤生产的半成品是下一步骤的加工对象。因此,为了计算各种产品的产成品成本,还需要按照产品品种结转各步骤成本。也就是说,与其他成本计算方法不同,在采用分步法计算产品成本时,在各步骤之间还有个成本结转问题,这是分步法的一个重要特点。

二、逐步结转分步法

在采用分步法的大量、大批多步骤生产中,有的产品制造过程由一系列循序渐进的、性质不同的加工步骤组成。例如,棉纺织企业生产工艺过程包括纺纱和织布两大步骤。在纺纱步骤中，原料（原棉）投入生产后，经过清花、梳棉、并条、粗纺、细纱等工序，纺成各种棉纱，然后进入织布步骤，经过络经、整经、浆纱、穿筘、织造等工序，织成各种棉布，再经过整理、打包，即可入库待售。

在这类生产中，从原料投入到产品制成，中间要经过几个生产步骤的逐步加工，前面各步骤生产的都是半成品，只有最后步骤生产的才是产成品。与这类生产工艺过程特点相联系，为了加强对各生产步骤成本的管理，往往要求不仅计算各种产成品成本，还要计算各步骤半成品成本，因为这是成本计算的需要。以上述纺织企业为例，为了计算棉布的成本，先要计算棉纱的成本。有一些半成品为企业几种产品共同耗用，为了分别计算各种产成品的成本，先要计算这些半成品的成本，因为这是成本控制的要求。

逐步结转分步法又称顺序结转分步法，是指按照产品连续生产步骤的先后顺序逐步计算并结转半成品成本，半成品成本随着半成品在各生产步骤之间顺序转移，直至最后步骤计算出产成品成本的方法。

综上所述，逐步结转分步法就是为了计算半成品成本而采用的一种方法。因此，这种方法也称为计列半成品成本分步法。

在这种分步法下，各步骤所耗用的上一步骤半成品的成本，要随着半成品实物的转移，从上一步骤的产品成本明细账转入下一步骤相同产品的成本明细账，以便逐步计算各步骤的半成品成本和最后步骤的产成品成本。

第一步骤完工半成品在验收入库时，应根据完工转出的半成品成本编制借记"自制半成品"账户、贷记"基本生产成本"账户的会计分录；第二步骤领用时，再编制半成品出库的会计分录。如果半成品完工后不通过半成品库收发，而是直接转入下一步骤，半成品成本应在各步骤的产品成本明细账之间直接结转。逐步结转分步法的成本计算程序如下所述。

①按照产品的生产步骤和产品品种设置产品成本明细账。

②各步骤的直接费用直接计入各步骤的成本明细账中，间接费用则需要采用适当的分配方法，在各步骤之间进行分配之后，再计入各步骤的成本明细账中。

③上一步骤半成品的成本，随着半成品实物的转移，从上一步骤的产品成本计算单转入下一步骤的产品成本计算单，逐步计算半成品成本，直到最后步骤计算出产成品成本。

④各项生产费用在各步骤产品成本明细账中归集后，如果月末既有完工产品又有加工中的在产品，则需采用适当的分配方法将各步骤发生的生产费用在完工半成品（最后步骤为产成品）和在产品之间进行分配，以便计算出完工半成品成本和最后步骤的完工产成品成本。

逐步结转分步法实际上就是品种法的多次连接应用，即在采用品种法计算上一步骤的半成品成本以后，按照下一步的耗用数量转入下一步骤成本，下一步骤再一次采用品种法归集所耗半成品费用和本步骤发生的其他费用，计算其半成品成本，如此逐步结转，直至最后一个步骤计算出产成品成本。

采用逐步结转分步法，按照半成品转入下一生产步骤基本生产明细账的反映方式不同，可分为综合结转法和分项结转法。

（一）综合结转法

综合结转法是指各生产步骤将其所耗的上一生产步骤的半成品成本，以"自制半成品"成本项目，综合计入下一生产步骤产品的基本生产明细账中的一种方法。采用综合结转法时，如果自制半成品由半成品仓库收发，且自制半成品按实际成本计价，由于各月完工入库的半成品成本不可能相同，通常采用加权平均法、先进先出法等方法计算当月所耗用半成品的实际单位成本。如果自制半成品是从上一生产步骤直接转入的，可将上一生产步骤半成品实际成本的合计数转入本步骤基本生产成本明细账户。

由于将半成品的成本用综合结转法转入下一生产步骤，这样上一生产步骤生产半成品耗费的原材料和加工费用在转入下一生产步骤时，在"自制半成品"或"直接材料"成本项目中反映，不能真实地反映各生产步骤自制半成品成本和最后生产步骤产成品成本的原始成本项目。因此，企业在管理上要求从整个企业角度分析和考核产品成本的构成和水平，同时将综合结转算出的产品成本进行还原，即从最后一个步骤起，把所耗上一步骤半成品的综合成本还原为直接材料、直接人工、制造费用等原始成本项目反映的产成品成本资料。成本还原的具体做法是从最后生产步骤开始，将其所耗费的上一生产步骤自制半成品的综合成本，按照上一生产步骤本月完工半成品的成本项目比例分解还原为原来的成本项目，从后向前逐步还原，一直分解到第二步骤，然后将各生产步骤还原后各生产项目的数额相加。

（二）分项结转法

分项结转法是指各生产步骤将其所耗费的上一生产步骤的自制半成品成本分成本项目计入与其"基本生产成本"明细账户相同的成本项目的方法。如果自制半成品要通过半成品仓库收发，在"自制半成品"明细账户中，也要按照成本项目分别登记。

采用分项结转法可以直接反映产成品各成本项目的原始结构，便于从整个企业角度考核和分析产品计划的执行情况，不需要进行成本还原，计算工作较为简便。但是这种方法的成本结转工作较为复杂，而且在各生产步骤完工产品成本中反映不出所耗费的上一生产步骤半成品的成本和本步骤加工费用的水平，不便于对完工的半成品成本和产成品成本进行综合分析。这种方法适用于管理上不要求分别反映各生产步骤完工产品所耗费的半成品成本，而是要求按照原始成本项目计算产品成本的企业。

（三）逐步综合结转分步法举例

某制造企业有两个基本生产车间，第一车间生产出的半成品经过半成品库收发，第二车间领用该种半成品后，继续加工为产成品。该企业设有"自制半成品"账户登记库存半成品的增减变动，半成品按实际成本进行核算，库存半成品成本采用移动加权平均法计算。

采用逐步综合结转分步法，在成本计算过程中，可以反映各步骤耗用上步骤半成品的费用和本步骤发生的加工费用，有利于各步骤的成本控制和管理，但成本还原的工作量较大，而且产品生产的步骤越多，还原工作量就越大。

(四)逐步分项结转分步法举例

分项结转分步法是将各步骤所耗用的半成品成本分成本项目分别结转到半成品明细账或下一生产步骤的成本计算单中。

采用分项结转,在下一步骤的成本计算单中是按原始成本项目反映的产品成本结转的,不需要进行成本还原。但采用这种成本结转的方法,在成本结转时需要分成本项目分别结转,工作量较大,而且各步骤的加工费用混合在一起,不便于对各步骤的生产耗费进行分析和控制。

三、平行结转分步法

平行结转分步法又称为不计列半成品成本分步法,是指各生产步骤不计算半成品成本,只计算本生产步骤所发生的生产费用以及这些费用中应计入产成品成本的数额,然后将各生产步骤应计入同一产成品成本的数额平行结转,汇总计算产成品成本的方法。平行结转分步法与企业生产工艺过程有着密切的联系。产品的生产过程是先将各种原材料平行地加工为各种零、部件,然后将零、部件装配成各种产成品,如电子产品制造企业,由多个生产步骤平行生产多种电子元件和配件,然后转入装配车间,装配成电子产品。这类企业的特点是各生产步骤生产的半成品种类多,半成品出售的情况较少,在管理上也不要求计算半成品成本。为了简化成本计算工作,可以不计算各生产步骤生产的半成品成本,也不计算下一生产步骤耗用上一生产步骤半成品的成本,在这种情况下,可以采用平行结转分步法计算完工产成品的成本。

(一)平行结转分步法的成本计算程序

平行结转分步法的成本计算程序如下:首先,按产品的生产步骤和产品品种开设"基本生产成本"明细账户,按成本项目归集本步骤发生的生产费用,但不包括上一生产步骤转来的自制半成品成本;其次,将各生产步骤归集的生产费用在完工产成品与月末在产品之间进行分配,以确定应计入产成品成本的数额,通过汇总计算完工产成品成本。

(二)平行结转分步法的特点

1. 各生产步骤不计算自制半成品成本

各生产步骤只归集本生产步骤耗费的原材料和加工费用,不计算自制半成品成本。不论自制半成品是通过仓库收发,还是在各加工步骤之间直接转移,都不通过"自制半成品"账户进行金额核算,仅对自制半成品进行数量核算。

2. 各生产步骤之间不结转半成品成本

在生产过程中,上一生产步骤半成品实物转入下一生产步骤继续加工时,自制半成品的成本不随同实物转移而结转。即使通过半成品仓库收发的,也不予以结转。

3. 计算各生产步骤应计入产成品成本的数额

月末各生产步骤归集的生产费用在应计入完工产成品成本的数额与月末在产品成本之

间进行分配，以确定各生产步骤应计入产成品成本的数额。采用平行结转分步法，企业的在产品是从整个企业的角度来说的，是指广义的在产品，它由两个部分组成：一部分是各生产步骤正在生产加工的在产品，是通常所指的在产品，也就是狭义的在产品；另一部分是本生产步骤已经完工，并已转入下一个生产步骤，或者转入半成品仓库，但是尚未形成产成品的所有半成品。各生产步骤将归集的生产费用在应计入完工产成品成本的数额与月末广义在产品成本之间分配的方法，主要有按定额成本计算在产品成本法、定额比例法和约当产量法等。

4.汇总各生产步骤应计入产成品成本的数额，确定完工产品成本

月末将各生产步骤计算的应计入产成品成本的数额汇总后，即可得到完工产成品的总成本，用产成品总成本除以完工产成品数量，即为完工产成品的单位成本。

平行结转分步法的主要特点是不计算半成品成本，因此，在成本计算中，各步骤只需计算出产成品所耗用的本步骤费用。例如，某种产品由三个部件装配而成，三个部件分别由三个车间生产，假如第一车间本月生产出 100 个部件，而本月装配的产成品只有 80 台，则第一车间只需将 80 个部件的生产成本转入产成品即可。另外已经生产出来而没有装配到产成品中的 20 个部件，则属于广义在产品范畴。

第七章 标准成本法与作业成本法

第一节 标准成本法

一、标准成本法概述

（一）标准成本法的概念

标准成本法是以标准成本为依据，通过成本差异的分析与报告，揭示成本差异产生的原因，以便及时控制成本的几种成本控制方法。

（二）标准成本法的主要特点

第一，事前制定出产品的各项标准成本，作为控制生产费用、降低产品成本的目标。

第二，在生产费用发生时，将符合标准的费用和脱离标准的差异分别核算，以加强对成本差异的日常核算、分析和控制。成本差异是一种"信号"，它可以使企业管理人员了解实际成本脱离目标的差额，并以此为线索进行进一步的分析研究，明确差异形成的原因，以便采取相应的措施，及时消除生产经营中各种不正常的、低效能的因素，避免各种不利差异重新出现，以实现对成本的有效控制。

第三，月末，结转成本差异，计算产品的实际成本，以满足实际成本核算的要求，为成本的定期考核和分析提供数据。

（三）标准成本法的主要内容

①标准成本的制定。
②成本差异的计算分析。
③产品实际成本的计算。
④成本差异的处理。

二、标准成本的制定

（一）标准成本的含义

标准成本是以工艺评估和动作研究所确定的消耗标准为基础制定的成本水平，即在提高效率和杜绝浪费的前提下必须发生的成本，是日常成本控制的依据。标准成本是一种目标成本，说明各企业生产产品应当消耗多少，亦称"应计成本"。

通过制定标准成本对产品成本实施控制，其意义表现在按成本项目反映事先提出的标准成本，可以用来规划企业未来的经济活动，并以此作为企业进行短期决策和长期决策的依据；在成本管理工作中，可以利用标准成本调节和控制日常发生的经济业务，针对重大问题进行分析研究，采取有效措施及时加以纠正，以保证预定目标的实现；事后通过对实际成本脱离标准成本的差异进行分析，可以分清产生差异的经济责任，正确评价有关部门和人员的经济业绩；由于标准成本系统中将标准成本和成本差异分别核算，计算在产品、产成品和结转已售产品成本的工作都可以直接按标准成本计算，简化了日常的账务处理和成本核算工作。标准成本通常有以下两种含义。

①单位产品的标准成本：
$$标准成本=单位产品标准消耗量×标准单价$$

②实际产量的标准成本（总成本）：
$$标准成本=实际产量×单位产品标准成本$$

（二）标准成本的种类

1. 理想标准成本

理想标准成本是以现有生产经营条件处于最优状态为基础确定的最低水平的成本。制定理想标准成本的依据是，理论上的业绩标准、生产要素的理想价格和可能实现的最高生产经营能力利用水平。这里所说的理论业绩标准，是指在生产过程中毫无技术浪费时生产要素的消耗量，最熟练的工人全力以赴工作，不存在废品损失和停工时间等条件下可能实现的最优业绩。这里所说的理想价格，是指原材料、劳动力等生产要素在计划期间最低的价格水平。这里所说的最高生产经营能力利用水平，是指理论上可能达到的设备利用程度，只扣除不可避免的机器修理、改换品种、调整设备等时间。这种理想标准成本的主要用途是提供一个完美无缺的目标，揭示实际成本下降的潜力。这种标准太高，很难实现，可以作为成本控制的战略目标，但不宜作为日常成本控制的标准。

2. 正常标准成本

正常标准成本是以现有生产经营条件处于正常状态为基础确定的标准成本，它考虑到在现实经济生活中不可避免的合理损耗、设备故障以及人工的闲置等因素，因而是一种比较切实可行并且经过努力能够达到的标准。正常标准成本是本着"跳起来方能摘到桃子"的基本原则制定的，即这种标准成本是经过努力可以达到的，既非轻而易举，又不是高不可攀。因此这种标准成本能够在成本管理工作中发挥应有的积极作用，可以作为日常成本控制的标准，在实际工作中得到了广泛的应用。

3. 基本标准成本

基本标准成本是以某一特定年份的生产经营条件为基础制定的标准成本。基本标准成本一经制定，只要生产的基本条件无重大变化，就不予变动。所谓生产基本条件的重大变化是指对产品主要成本有重大影响的变化，如产品的物理结构调整、主要原材料和劳动力价格发生重要变化、生产技术和工艺发生根本变化等。只有这些条件发生变化，基本标准成本才需要修订。市场供求变化导致的售价变化和生产经营能力利用程度变化、由于工作方法改变而引起的效率变化等，不属于生产的基本条件变化，对此不需要修订基本标准成本。基本标准成本与各期实际成本对比，可反映成本变动的趋势。由于基本标准成本不按各期实际修订，不宜用来直接评价工作效率和成本控制的有效性。

4. 当期标准成本

当期标准成本是以当期的生产经营条件，即适用期间应该发生的价格、效率和生产经营能力等为基础制定的标准成本，又称现行标准成本。当这些影响标准成本的因素发生变化时，按照各因素变化的情况及时对标准成本加以修订。这种标准成本可以作为日常控制和考核标准，也可以用来对存货和销货成本进行计价。

以上四种标准成本中，理想标准成本和正常标准成本是按照所依据标准的高低来分类的；基本标准成本和当期标准成本是按其依据的适用期分类的。在实务中，日常成本控制应采用当期标准成本与正常标准成本相结合的当期正常标准成本。

（三）标准成本系统的运作程序

实施标准成本系统一般有以下几个步骤：制定单位产品标准成本，根据实际产量和成本标准计算某种产品的标准成本，汇总计算实际成本，计算标准成本与实际成本的差异，分析成本差异，提出成本控制报告。

1. 制定单位产品标准成本

单位产品标准成本的制定，是标准成本计算和成本控制的基础。通常按照某产品在生产各阶段耗费的直接材料、直接人工和制造费用等项目制定各成本项目的标准成本，然后将各成本项目的标准成本相加确定单位产品的标准成本，用公式表示如下：

单位产品标准成本=直接材料标准成本+直接人工标准成本+制造费用标准成本

2. 根据实际产量和成本标准计算某种产品的标准成本

某种产品的标准成本是指按照该种产品的实际产量和单位产品的标准成本，计算出该种产品的标准成本，其计算过程可用如下公式表示：

某种产品标准成本=产品的实际产量×单位产品标准成本

3. 汇总计算实际成本

汇总计算实际成本，是指按照一般的成本核算程序，归集产品生产和制造过程中实际发生的直接材料、直接人工和制造费用，以此计算出实际成本的发生额。

4. 计算标准成本与实际成本的差异

成本差异通常是指产品实际成本与产品标准成本之间的差额，可用公式表示如下：

成本差异=实际成本-标准成本

实际成本大于标准成本的差异通常被称为不利差异，可反映在成本差异账户的借方，因此亦称借差；实际成本小于标准成本的差额被称为有利差异，通常反映在成本差异账户的贷方，因此亦称贷差。

5. 分析成本差异

分析成本差异是标准成本系统运作程序中最为重要的一个环节，只有通过具体分析成本差异的数额及其产生的原因，才能够实现对成本的有效控制，以便进一步降低成本、提高经济效益。对成本差异进行分析，一般要经过以下三个步骤：分析成本差异的类型，并确定其数额；追根溯源，分析成本差异产生的具体原因；明确有关责任人员的经济责任。

6. 提出成本控制报告

通过上述成本差异的分析，一方面可以找出成本差异产生的原因，另一方面可以明确有关人员的经济责任。以此为依据，可以向有关方面负责人提出加强成本控制的建议，以便其采取有效措施，巩固成绩、克服缺点，或根据已变化的生产条件对原标准加以修订，以便在生产经营活动中使成本的执行情况得到及时反馈和控制，保证预定目标的实现。

标准成本系统的运作程序是一个有机的整体，各程序之间的关系密不可分。

（四）标准成本的制定

标准成本的构成项目和产品成本的实际成本项目一样，通常制定标准成本是先确定直接材料和直接人工的标准成本，然后确定制造费用的标准成本，最后确定单位产品的标准成本。在制定标准成本时，无论是哪一个成本项目，都需要分别确定其用量标准和价格标准，两者相乘后得出成本标准。在制定标准成本的过程中，用量标准包括单位产品材料消耗量、单位产品直接人工工时等，主要应由熟悉产品生产工艺的生产技术部门主持制定；价格标准包括原材料单价、小时工资率、小时制造费用率等，由会计部门和其他有关部门共同研究确定。采购部门是材料价格的责任部门，劳资部门和生产部门对小时工资率负有责任，各生产车间对小时制造费用率承担责任，在制定有关价格标准时要与它们协商。

标准成本的制定是根据各项成本标准和与此相关的作业量之间的关系，分别确定相应的标准成本内容，经汇总后确定产品标准成本的一系列过程。其计算公式为：

单位产品标准成本=直接材料标准成本+直接人工标准成本+制造费用标准成本

通用公式为：

单位产品各成本项目的标准成本=单位产品标准消耗量×标准单价

1. 直接材料标准成本的制定

直接材料标准成本包括材料用量标准和材料价格标准两方面。材料用量标准是指在现有的生产技术条件下，生产单位产品所需要的原材料数量，包括构成产品实体的原材料消耗和正常损耗；材料价格标准是指采购部门确定的单位材料价格，包括买价和运杂费等。根据材料用量标准和材料价格标准就可以确定直接材料的标准成本，其公式为：

单位产品直接材料标准成本=单位产品用料标准×材料标准单价

2. 直接人工标准成本的制定

直接人工标准成本是指为生产某种产品直接发生的人工耗费，包括直接人工的工时标准和工资率标准两方面。工时标准是在现有的生产技术条件下，生产单位产品所需要的时间。这里的工时既可以是生产工时，又可以是机器工时。在不同的工资制度下，工资率标准表现形式不同。在计件工资下，工资率标准是指在现有的生产技术水平下，生产单位产品所应支付的计件单价；在计时工资下，则是指单位工时工资率标准。直接人工标准成本的计算公式如下：

$$直接人工标准成本=单位产品标准工时×标准小时工资率$$

其中，标准小时工资率＝标准工资总额／标准总工时。标准总工时是指一定期间充分利用现有生产能力所能提供的人工总工时或机器总工时。

3. 变动性制造费用标准成本的制定

变动性制造费用标准成本的制定与直接人工标准成本的制定相类似，变动性制造费用标准成本计算公式为：

$$变动性制造费用标准成本=单位产品标准工时×变动性制造费用标准小时费用率$$
$$变动性制造费用标准小时费用率=变动性制造费用预算总额／标准总工时$$

4. 固定性制造费用标准成本的制定

固定性制造费用标准成本的制定与变动性制造费用标准成本的制定基本相同，只不过固定性制造费用的预算总额只能预计某一生产水平下的费用总额，一旦确定不能随生产量的变动而任意变动。计算公式如下：

$$固定性制造费用标准成本=单位产品标准工时×固定性制造费用标准小时费用率$$
$$固定性制造费用标准小时费用率=固定性制造费用预算总额／标准总工时$$

5. 标准成本卡

各成本项目的标准成本确定后，应根据不同种类、不同规格的产品，编制标准成本卡。该卡应分车间、分项目反映单位产品标准成本及其所依据的材料、工时的用量标准和标准的价格、工资率、制造费用分配率。直接材料项目应该按所消耗材料的种类和规格详细列示；直接人工应该按不同工种、不同工资率分别列示。

三、成本差异的计算与分析

成本差异是指实际成本与标准成本之间的差额。实际成本超过标准成本所形成的差异叫作不利差异、逆差或超支，实际成本低于标准成本所形成的差异，叫作有利差异、顺差或节约。成本差异是成本管理的重要信息，明确成本差异，有利于各级管理部门了解各项生产经营活动的效益，及时采取措施消除不利差异，并为成本控制、考核和奖惩提供依据，实现有效的成本管理。

成本差异的计算公式如下：

$$成本差异=产品的实际成本-产品的标准成本$$

成本差异一般分为数量差异和价格差异两部分：

$$数量差异（量差）=标准价格×数量差异=标准价格×（实际数量-标准数量）$$
$$价格差异（价差）=实际数量×价格差异=实际数量×（实际价格-标准价格）$$

几点需注意的事项：计算的成本差异是总差异，即按当期实际产量计算的实际总成本与准总成本的差异；计算中使用的标准成本是指实际产量的标准成本，实际产量是指实际消耗本期成本的产量。

成本差异包括直接材料成本差异、直接人工成本差异和制造费用成本差异三部分。其中制造费用差异又可分为变动性制造费用成本差异和固定性制造费用成本差异。

（一）直接材料成本差异的计算与分析

直接材料成本差异是指一定产量产品的直接材料实际成本与直接材料标准成本之间的差额。直接材料成本差异是由直接材料用量差异和直接材料价格差异两部分构成的。直接材料用量差异是指由于材料的实际耗用量脱离标准耗用量而形成的直接材料成本差异，直接材料用量差异反映了企业生产产品时材料消耗的浪费或节约，以及产品结构改变、材料加工方法改变、材料质量改变、材料代用等所造成的超支或节约数，该差异的责任主要应该由生产单位承担。因为在正常情况下，有关产品耗用材料数量的多少、加工中必不可少的材料损耗的大小等，企业的生产部门大体是可以控制的。但是，在材料数量差异的形成过程中，除了生产部门有关人员不注意合理用料或违反操作规程出现质量事故而导致材料消耗超过预定标准，企业内部其他部门也有可能负有一定的责任。例如，采购部门购进了质量低劣的材料，仓储部门在材料储存过程中使材料损坏变质等，都会使材料耗用量增加。因此，材料耗用量的影响因素是多方面的。在分析材料数量差异时，必须从实际出发，认真探寻产生差异的具体原因。直接材料价格差异是指由于材料实际价格脱离标准价格而形成的直接材料成本差异，该差异的责任一般来说应由采购部门承担。因为材料采购价格的高低、采购费用的多少，采购部门大体上是可以控制的。但是，决定材料价格的因素是多方面的，有些引起材料价格变动的因素是采购部门无法控制的，比如市场价格的变动是因为供求变化引起的，就属于采购部门所不能控制的；再如交通运输条件的改变、装卸费用的升降有时也不是采购部门所能控制的。因此，在分析材料价格差异时，除了将注意力集中于采购部门，还应该适当考虑其他部门甚至企业外部，明确区分导致差异的主要原因和次要原因，以便有针对性地采取改进措施。相关计算公式如下：

直接材料成本差异=实际价格×实际用量-标准价格×标准用量

直接材料成本差异=直接材料用量差异+直接材料价格差异

直接材料用量差异=（实际材料消耗量-标准材料消耗量）×标准价格

直接材料价格差异=（实际价格-标准价格）×实际材料消耗量

计算结果若为正，表示超支，为不利差异；反之，则表示节约，为有利差异。

上述公式属于因素分析中的连环替代分析，用量差异为第一因素，价格差异为第二因素。

（二）直接人工成本差异的计算与分析

直接人工成本差异是指一定产量产品的直接人工实际成本与直接人工标准成本之间的差额，由直接人工效率差异和直接人工工资率差异两部分构成。直接人工效率差异是指由于直接人工实际工作时数脱离标准工作时数而形成的人工成本差异。这一差异一般来说应由生产单位负责，因为其差异通常可能是机器运转不正常、材料或零件传递方法不当、作业计划安排不周密、工人技术不熟练和责任感不强等与生产活动相关的原因造成的，但也可能有一部分应由其他部门负责，如因材料质量问题而影响生产效率，从而产生的人工效率差异，则应由采购部门负责。在分析直接人工效率差异时，应该从实际出发，认真找出具体原因，分清主次，以便采取相应对策。直接人工工资率差异是指由于直接人工实际工资率脱离标准工资率而形成的人工成本差异。这一差异一般应由主管人事的部门负责，它通常与人事变动、工资制度和工资级别的调整、出勤率的变化等有关，但如果由非生产工时造成的差异，如停工待料时间的工资，仍由生产单位负责。相关计算公式如下：

  直接人工成本差异
  =（实际小时工资率×实际工时）−（标准小时工资率×标准工时）
  =实际工资−标准工资
      实际小时工资率=实际工资/实际工时
     标准工时=单位产品工时耗用标准×实际产量
   直接人工成本差异=直接人工效率差异+直接人工工资率差异
   直接人工效率差异=（实际工时−标准工时）×标准小时工资率
  直接人工工资率差异=（实际小时工资率−标准小时工资率）×实际工时

（三）变动性制造费用成本差异的计算与分析

  变动性制造费用成本差异是指一定产品产量的实际变动性制造费用与标准变动性制造费用之间的差额，由变动性制造费用耗费差异和变动性制造费用效率差异两部分组成。变动性制造费用耗费差异是因变动性制造费用实际耗费脱离标准而导致的成本差异，类似于材料价格差异和直接人工工资率差异，是实际小时费用率和标准小时费用率之间的差额与实际工时的乘积；变动性制造费用效率差异是因实际耗用工时脱离标准工时而导致的成本差异，类似于材料用量差异和直接人工效率差异，是实际工时和标准工时之间的差额与标准小时费用分配率的乘积。相关计算公式如下：

  变动性制造费用成本差异
  =（实际小时费用率×实际工时）−（标准小时费用率×标准工时）
  =实际变动性制造费用−标准变动性制造费用
    变动性制造费用实际小时费用率=实际变动性制造费用/实际工时
  变动性制造费用成本差异=变动性制造费用耗费差异+变动性制造费用效率差异
   变动性制造费用耗费差异=（实际小时费用率−标准小时费用率）×实际工时
   变动性制造费用效率差异=（实际工时−标准工时）×标准小时费用率

  变动性制造费用是一个综合性费用项目。对其差异，应结合构成变动性制造费用的具体明细项目做深入分析。在实际工作中，通常将变动性制造费用弹性预算的明细项目与同类项目的实际发生数进行对比，从而找出差异的原因及责任归属。

  应当指出的是，变动性制造费用效率差异实际上反映的是产品制造过程中的工时利用效率问题，应结合直接人工效率差异进行分析。

（四）固定性制造费用成本差异的计算与分析

固定性制造费用成本差异是指固定性制造费用的实际发生额与其标准发生额之间的差额，其计算公式为：

固定性制造费用成本差异=实际固定性制造费用-实际产量标准固定性制造费用

由于固定性制造费用总额一般不受产量变动的影响，即在一定的业务量范围内，固定性制造费用的总额是不变的。但如果产量发生变动，单位产品所负担的制造费用就会发生变动。也就是说，实际产量与设计生产能力规定的产量或预算规定的产量的差异会对产品应该负担的固定性制造费用产生影响。因而，对固定性制造费用成本差异的分析方法与其他项目成本差异的分析方法有所不同。固定性制造费用成本差异的计算分析方法有两差异法和三差异法两种。

1. 两差异法

该分析方法将固定性制造费用成本差异分为能量差异和耗费差异两种。固定性制造费用的能量差异是指由于设计或计划的生产能力利用程度的差异所产生的成本差异，即实际产量标准工时脱离设计或计划标准工时而产生的成本差异，其计算公式如下：

固定性制造费用能量差异=（预算工时-标准工时）×标准小时固定性费用率

或=固定性制造费用预算-标准固定性制造费用

固定性制造费用的耗费差异是指固定性制造费用的实际发生额与预算（或计划）额之间的差异，其计算公式如下：

固定性制造费用耗费差异=实际固定性制造费用-固定性制造费用预算

2. 三差异法

三差异法是将固定性制造费用成本差异分为耗费差异、生产能力利用差异和效率差异三种。其中耗费差异与两差异法中的耗费差异的概念和计算都相同。三差异法将两差异法中的能量差异分解为生产能力利用差异和效率差异。生产能力利用差异是指实际产量的实际工时脱离预算（或计划）产量标准工时所引起的生产能力利用程度差异。效率差异是指因生产效率差异导致的实际工时脱离标准工时而产生的成本差异。

四、成本差异的账务处理

（一）成本差异的汇集

1. 账户设置

第一，设置反映各项标准成本的账户。在标准成本系统中反映各项标准成本的账户是指成本计算类账户，如"原材料""生产成本""库存商品""主营业务成本"等。这些账户按照标准成本进行核算，即这类账户应记录按实际数量计算的标准成本数额，这类账户的余额一般在借方反映这些项目的标准成本数额。

第二，设置反映各项成本差异的账户。成本差异账户的设置可根据具体情况，按大类设置或按每一种成本差异设置。按大类可分别设置以下账户："直接材料成本差异""直接人工成本差异""变动性制造费用成本差异""固定性制造费用成本差异"。

按每一种成本差异设置的账户包括："直接材料价格差异""直接材料用量差异""直接人工工资率差异""直接人工效率差异""变动性制造费用耗费差异""变动性制造费用效率差异""固定性制造费用耗费差异""固定性制造费用生产能力利用差异""固定性制造费用效率差异"等账户。

当实际成本超过标准成本，其差异额反映在有关成本差异账户的借方，这种差异被称为不利差异或超支额；反之，实际成本低于标准成本的差异被称为有利差异或节约额，所形成的差异反映在有关成本差异账户的贷方。

2. 账务处理特点

在日常账务处理中，生产成本、产成品、主营业务成本都按标准成本入账，对成本差异则单独设立账户加以反映。期末，选择一定的方法进行成本差异的结转。

3. 成本差异汇集的账务处理

在发生各种成本差异时，对于超支差异，应借记各该成本差异账户，贷记有关账户；对于各种节约差异，应借记有关账户，贷记各该成本差异账户。对应的成本、费用账户则按标准成本进行登记。

（二）成本差异的结转

1. 成本差异作为期间费用计入当期损益

在会计期末将所有的各项成本差异转入"本年利润"账户，或者先将其转入"主营业务成本"账户，然后将产品销售成本总额（标准成本加减各项成本差异）转入"本年利润"账户。采用该法的理由：本月发生的成本差异体现了本月成本控制的业绩，应在本月利润中予以反映；只有标准成本才是真正的正常成本；可以避免繁杂的成本差异的分配工作。采用该法，简化了成本核算，并使本月经营成果与当月成本控制的业绩直接挂钩，有利于成本控制，符合绩效考评原则。但当成本标准过于陈旧或实际成本水平波动幅度过大时，就会使在产品和产成品等存货成本失实。

2. 成本差异全部计入产成品成本

这种处理方式侧重于成本计算功能，可以满足成本计算的需要，但不便于成本控制思想的贯彻实施。

3. 成本差异在产成品、在产品和本期已售产品之间分配

这种方法的具体做法：在会计期末将各项成本差异按照以实际数量计算出来的标准成本的比例分配给产品销售成本、在产品和存货。因为本期发生的成本差异与以上三者均有关系。采用该法对各种成本差异进行分配后，资产负债表中的在产品、产成品以及损益表中的本期已售产品成本等项目，均反映的是实际成本。这种方法可以确定产品的实际成本，但分配成本差异工作过于烦琐。

在一般情况下，第一种处理方法应用较广，这种方法可以使当期损益与成本控制状况挂钩，通过本期销售成本直接反映本期成本控制业绩，同时结转方法较简单，因此在运用标准成本系统的企业中被广泛采用。

第二节　作业成本法基本知识

20 世纪 80、90 年代的环境变化导致了作业成本法的产生，从 1985 年正式理论系统形成到如今"时间驱动作业成本法"的新成果，作业成本法与平衡计分卡一起被视为 20 世纪成本管理方面最重要的创新。

一、作业成本法的概念及基本思想

（一）作业成本法的概念

作业成本法的概念有多种解释。一般来说，作业成本法是以作业为核心，确认和计量耗用企业资源的所有作业，将耗用的资源成本准确地计入作业，然后选择成本动因，将所有作业成本分配给成本计算对象（产品或服务）的一种成本计算方法。作业成本法的概念也在随时间不断改进。

（二）作业成本法的基本思想

作业成本法的基本思想：成本对象消耗作业，作业消耗资源。其核心是对间接费用的分配。企业的产品成本是指制造和运送产品所需所有作业的成本之和。

二、作业成本法的相关术语

（一）作业

作业是组织为了某种目的而消耗资源的活动或事项，是为提供一定产量产品或劳务所消耗的人力、技术、原材料、方法和环境的集合体。企业是一个为最终满足顾客需要而设计"一系列作业"的集合体。作业消耗资源，产品消耗作业，强调成本的直接和动因追溯。在这个作业集合体中，各种作业之间存在着逻辑关系。某些后续的作业是其先行作业的"顾客"，作业之间彼此互为顾客，从而形成一个由此及彼、由内到外的链条，叫作作业链。

（二）作业链

作业链具体是指从产品设计开始到物料供应，从生产工艺流程的各个环节、质量检验包装到发运销售的全过程，包括产品设计、订单处理、采购储存、材料搬运、机器调试、设备运行、质量检验、包装、销售、开发货单、发货装运、收账、售后服务及人员培训在内的一整条作业链。

（三）作业中心

以主要作业为标志，将类似的作业归集在一起便构成了作业中心。一个作业中心就是生产程序的一部分。

（四）成本库

成本库是指同一或同质成本动因导致的费用项目归集在一起的成本类别，即相同成本动因的作业成本集。成本库的建立把间接费用的分配与产生这些费用的原因——成本动因联系起来，不同的成本库选择不同的成本动因作为分配标准。这样只需要一个动因即可分配成本库的成本。

（五）成本动因

成本动因是指引起成本发生变动的原因，一般统称为分配基础。成本动因就是成本发生的原因，再通俗一点说就是分配各种成本的标准，这是一种直观的理解。其实不仅仅是"分配标准"，还能追踪成本发生的最根本的原因。

作业成本法的理论基础就是成本动因理论，这种理论认为费用的分配应着眼于费用发生的原因。作业成本法是根据产品生产或企业经营过程中发生和形成的产品与作业、作业链和价值链的关系，对成本发生的动因加以分析，选择"作业"作为成本计算对象，归集和分配生产经营费用的一种成本核算方式。

三、作业成本法的基本流程及计算步骤

传统的成本会计系统不是按照作业而是按照产品和服务将成本信息进行区分，这种传统的成本分类将成本按账户的相关性和成本发生的地点进行归集。而作业成本法按作业进行归集，这种分类是将成本归集到一个和所执行的作业相关的成本库中。在这一方法下，重点在于成本为什么发生，而不是在哪里发生。

（一）作业成本法的基本流程

作业成本法是一个分两阶段进行的过程，其分两个阶段将间接成本分配到作业、产品、服务或其他成本对象上。

1. 第一阶段

首先需识别重大的经济作业，企业需要挑出重要的作业活动，然后根据作业消耗资源的思想，将制造费用分配到作业成本库中。具体的分配方法是将间接成本以成本发生的具体原因——成本动因为标准分配到这些作业上。企业资源可以分为货物资源、材料资源、人力资源、动力资源、厂房设备资源等。

2. 第二阶段

依据产品生产线所消耗的成本动因所占比例，将制造费用从每一个成本库分配到每一条产品生产线上。

（二）作业成本法的计算步骤

作业成本法的计算步骤为：首先依据不同成本动因分别设置成本库，然后分别以各种产品所耗费的作业量分摊其在该成本库中的作业成本，接着分别汇总各种产品的作业总成本，最后计算各种产品的总成本和单位成本。其具体步骤如下所述。

①确认主要作业，确认作业中心。将类似的作业归集在一起便构成了作业中心，一个作业中心就是生产程序的一部分。

②根据各作业所消耗的资源，将各作业中心汇集的成本分配到各作业成本库中，即以作业中心为成本库汇集成本。每一个作业库所代表的是它那个中心所执行的作业。

③确定各作业的成本动因，再根据每个成本动因计算相应的作业动因分配率。

④根据各项作业所消耗的成本动因数将各作业成本库成本分配计入有关产品或劳务，计算完工产品或劳务成本。

在传统成本的计算法下，产量高、生产过程简单的产品成本计算结果显著高于作业成本法的计算结果，而产量低、生产过程复杂的产品的计算结果则恰恰相反。

第三节 作业成本法理论与实践的发展历程

一、作业成本概念的提出与作业成本法的产生

（一）科勒首次提出作业会计概念

最早从理论和实践上探讨作业会计的是美国会计学家埃里克·科勒教授。科勒教授曾任教于美国的西北大学、俄亥俄州立大学和明尼苏达大学，并担任《会计评论》主编达15年之久。科勒的作业会计思想主要来自对20世纪30年代的水力发电活动的思考。在水力发电过程中，直接人工和直接材料（这里指水源）成本都很低廉，而间接费用所占的比重相对很高，这就从根本上冲击了传统的会计成本核算方法——按照工时比例分配间接费用的方法。1941年，科勒在《会计论坛》发表论文，首次提出"作业"和"作业会计"，这些概念后来被编入1952年的《会计词典》。

（二）作业成本思想的再次提出

第二位研究作业会计的是乔治·斯托布斯教授。他坚持认为，会计是一个信息系统，作业会计是一种和决策有用性目标相联系的会计。研究作业会计首先应明确"作业""成本"和"会计目标——决策有用性"三个概念。1971年，斯托布斯提出"作业成本""作业会计"和"作业投入产出"等概念，并于当年出版了《作业成本计算和投入产出会计》一书。

尽管作业成本法的概念早在20世纪40年代就被提出来了，但当时并未引起人们的广

泛关注，因为在当时的环境下，大多数企业仍然是以人工密集型为特征的，产品品种比较单一，所以作业成本法未能引起人们的兴趣。

二、早期的理论模型形成——作业成本法的兴起

20世纪80年代初期及中期，先进制造系统日益推广普及，管理方法与技术发生了巨大变革。适时制由日本兴起转而对整个西方公司经营管理思想产生了冲击，传统管理思想和管理方法技术的巨大变革，促使大批西方会计学者重新对传统的成本会计系统进行审视，作业成本法成为会计学界研究的热点问题。

罗宾·库珀和罗伯特·卡普兰于20世纪80年代发起的系列探讨带来了作业成本法的研究高潮。罗宾·库珀在《成本管理》上四论作业成本：《一论作业成本法的兴起：什么是作业成本法系统》《二论作业成本法的兴起：何时需要作业成本法系统》《三论作业成本法的兴起：需要多少成本动因并如何选择》《四论作业成本法的兴起：作业成本法系统看起来到底像什么》。这几篇著名的论文，对作业成本法的现实意义、运作程序、成本动因选择、成本库的建立等重要问题进行了全面深入的分析，奠定了作业成本法研究的基石。

三、作业成本法运用的热潮期——作业成本法神话的形成

20世纪90年代初，会计学界对作业成本法的兴趣迅速上升，从美国权威期刊杂志上发表的作业成本法论文数量可见一斑，从1988年发表的三篇迅速增长到1995年的152篇，而1995年也是作业成本法论文发表数量最多的一年。这期间发表的作业成本法论文都是集中研究传统成本会计体系如何歪曲了产品成本，而作业成本法又是如何解决这一分配问题的。该期间论述作业成本法思想的理论层出不穷，各有侧重，并且与企业的管理相结合，形成了作业成本管理的战略思想。作业成本法的产生被称为管理会计最重要的改革之一。

英国成本与管理会计师协会于1990—1994年对1 000家大公司做了两次调查，于1994年对英国60家最大的金融企业做了一次调查，1996年美国的管理会计师协会的成本管理组也进行了一次调查，调查结果均显示企业对作业成本法的实施效果和运用前景较为乐观，运用作业成本法的企业期望通过作业成本法的实施来降低成本并帮助企业进行战略实施。人们普遍认为作业成本法除了能更准确地反映产品和劳务成本信息，还能提供作业和成本动因的财务和非财务信息，形成了"作业成本法成功实施的神话"。

四、作业成本法探访的冷淡期——对作业成本法的反思

1995年以后，人们对作业成本法和作业基础管理的兴趣开始减弱。1995—2000年，美国商业信息数据库所列出的专业期刊上关于作业成本法的文章数量从120篇降到了40篇。对作业成本法方法的质疑声日益增加，包括曾被掩盖在作业成本法兴起热潮之中的少量论文所提出的观点重新引起重视。当时，对作业成本法的质疑是：作业成本法对间接费用的分配并不一定与企业战略目标的实现相关；成本数据在大致准确和相关时，管理层可

以使用不太精确的成本信息，这并不影响决策的大局；作业成本法不能告诉管理者怎样使其企业更具有竞争力。

人们对作业成本法的实践热情也逐渐变得理性和客观，人们在作业成本法的实践中发现，作业成本法的传播过程并不像人们预期的那样顺利，其在实施过程中也障碍重重，而且很多原先实施了作业成本法的企业因高昂的使用成本、烦琐的运用程序或员工的不满等因素最终放弃了作业成本法的实施。20世纪末、21世纪初澳大利亚和爱尔兰的调查报告显示，企业对作业成本法的成功实施抱一定的保留态度。美国于2003年进行的调查以及英国再次进行的调查也得到了相似的结果。调查表明，作业成本法在实施的过程中出现了很多困难，许多原先采纳的企业放弃了使用作业成本法项目。2000年以后，企业对作业成本法的运用热情继续减弱。研究者分别在美国、英国、澳大利亚、芬兰、挪威、爱尔兰、新西兰以及日本进行了大型的调查，以大量的数据说明作业成本法在实践运用中的反复及对其研究热情的逐渐消退。

五、作业成本法运用的艰难突破——作业成本法必要性之争

2000年以后，作业成本法的没落在继续。不少研究者试图从不同的视角来揭示这一谜团，但到目前仍未找到清晰的解释。卡普兰早年提出的四个解释或许可作为探寻之一，即缺乏足够的角色模型、电算化会计系统的盛行、过于重视财务会计和高层的不重视。有学者也对作业成本法的没落提出了三个可能的答案，即其并不适用于每个企业；作业成本法只和其他真正增加价值的动因变量相关，其自身并不能增加企业价值；几乎没有证据表明作业成本法的使用能提高企业绩效和所有者权益。那么作业成本法的存在到底只是昙花一现，还是在经过实践检验之后能完善发展并能持续运用下去呢？这个问题困扰着作业成本法的研究者，大家纷纷试图从新的视角来突破作业成本法运用的瓶颈。2000年之后，作业成本法的研究出现了跨领域整合的趋势，学者们纷纷试图通过改进作业成本法来适应诸如预算、平衡计分卡、生命周期成本法、供应链管理等内容，以期适应会计和管理上的创新。

六、对作业成本法之谜的可能性解释

现在，经济合作与发展组织所提供的大多数成本管理课程以及各国的成本管理教材都吸纳了作业成本法的内容。各国会计师协会也为其成员普遍提供作业成本法的管理培训。既然使用和实施作业成本法没有问题，那么，为什么作业成本法的传播和实施阻碍重重？既然作业成本法有这么多优势，为什么现在没有更多的公司应用它呢？这就涉及所谓的作业成本法之谜的本质。

有学者解释说，作业成本法得以实施需要满足一些假设。比如，总成本可以被分配至成本库中，每一成本库都仅仅取决于一项作业；每一成本库中的成本必须和该成本库中的作业水平严格配比；每一项都能分配到不同的动因，这些动因仅仅取决于产品。而在实际中，这些重要的假设在大多数情况下并不能被满足。也许，这能够解释为什么管理者在应用作业成本法模型来做决策时总会遇到麻烦。

第四节 作业成本法理论研究与实践运用的突破方向

作业成本法作为一种创新的方法，不只是一个改进了的成本计算方法，还能更好地为企业管理和企业内部各项消耗活动服务。正因为作业成本法的理念如此诱人，20世纪80年代后期，欧美国家掀起了理论探讨和实践运用的高潮。

一、权变视角下作业成本法与组织环境的结合

在权变理论下，组织环境的不确定性、组织的规模、组织的类型、组织的管理层级以及组织的文化背景都会对作业成本法的实施产生重要影响，并且在企业运用作业成本法的不同阶段，竞争与管理者决策的相关性、兼容性等环境因素还会随运用阶段的不同而对作业成本法的实施产生不同程度的影响。除此之外，战略也是影响作业成本法实施的决定因素。有学者在调查报告的分析中指出，作业成本法在以产品聚焦和成本聚焦为战略的公司中得到更多的应用。通常产品聚焦战略的公司非常充分地运用作业成本法来获得更加精准的产品成本分析，而成本聚焦战略的公司大多将作业成本法用于辨认成本动因和非增值作业来帮助其减少成本，作业成本法在这类公司中最为流行。

二、时间驱动作业成本法

近年来，时间作为企业竞争战略的一个要素备受学术界重视，管理会计界也开展了一系列以时间为对象的研究。将时间引入管理会计之中能够提供有关时间的营运信息和财务信息，从而有助于企业的相关经营决策。时间驱动作业成本法的核心是在作业成本法的应用中嵌入一个"时间等式"，以最基本的业务流程耗时量为基数，列出各种复杂情况下所需追加的工时，并据此按照具体情况改变每一项具体作业所耗时间的估计数，从而降低划分作业的难度与工作量，使作业划分的可操作性大大增强。时间驱动作业成本法是将一个责任中心的成本分割为若干个作业，放弃成本追溯的方法而采用经理人员的估计，这样经理人员能够算出各项作业所耗费的时间和成本，并加以分析。此方法的优点是容易实施且易于推广，其在解决复杂的业务问题时，远比传统作业成本法简单。但这一方法似乎还难以解决作业成本法的概念性问题，并且时间驱动作业成本法看起来似乎回到了标准成本法的起点上，因此，时间驱动作业成本法到底是不是一项创新还有待实践的检验，国外一些论文也在探讨其究竟是"新酒"还是"新瓶装老酒"，这些尚待时间的证明。

三、作业成本法与预算的结合

虽然作业成本法实际上是用于分配已发生的成本，是对过去数据的计算和分析，但是

近年来不少企业尝试将作业成本法用于预算目的。首先，企业根据作业成本法模型计划编制预算，这种将作业成本法的信息作为编制预算基础的方法，可使预算建立在真实的数据上；其次，报告的实际成本与预算成本采用同一种方法，增强了实际成本与预算成本的可比性，从而有利于将成本控制落到实处。与传统预算所进行的各职能部门或支出类别的成本预算相比，作业基础预算是完成各种作业的成本预算。传统预算的重点在于成本的构成要素，而作业基础预算则强调完成各种作业的预计成本。编制作业基础预算时所需的作业的需求、作业的效率、支出和供应模式、可提供的资源等数据也能为管理决策提供有用的信息。但是，目前关于以作业为基础的预算除了有少量的案例研究，相关的理论研究文章还很少。

四、顾客驱动作业成本法

顾客关系管理是目前管理界的重要议题，企业管理层需要知晓每笔客户交易和维持顾客关系所发生的相应成本信息。作业成本法软件系统能提供将顾客交易信息和企业资源计划及客户关系管理方面的财务信息联系在一起的整体框架，这样计算单个顾客的营利性信息的直接操作性就会增强。由顾客战略导向、渠道和单个顾客成本构成的作业成本法层级，能使企业管理层对由单个顾客盈利组合而成的企业毛利的构成部分有一个清晰的了解。

五、资源消耗会计与作业成本法的整合

资源消耗会计是以资源为基础，将资源成本按一定的因果关系分配给成本对象。资源消耗会计并不一定强行使用以作业为基础的分配，而是基于必要的逻辑来进行成本分配，用于成本分配的动因或者是传统的动因（如人工工时）或者是基于作业的动因。资源消耗会计是一个对企业资源和作业分析进行整合的成本管理系统，其与作业成本法的融合为管理会计提供了新的思路。

参考文献

[1] 陈玉菁. 管理会计教程 [M]. 上海：立信会计出版社，2004.
[2] 曹献木. 现代企业定价学 [M]. 大连：东北财经大学出版社，2000.
[3] 孙明玺. 现代预测学 [M]. 杭州：浙江教育出版社，1998.
[4] 张卫星. 市场预测与决策 [M]. 北京：北京工业大学出版社，2002.
[5] 余绪缨. 管理会计学 [M]. 2 版. 北京：中国人民大学出版社，2004.
[6] 李长风. 经济计量学 [M]. 2 版. 上海：上海人民出版社，2007.
[7] 冯力. 回归分析方法原理及 SPSS 实际操作 [M]. 北京：中国金融出版社，2004.